PAGANISMO EN ESPAÑOL

Descubre los Rituales, Tradiciones, Prácticas y mucho más

KARL MCGILL

© Copyright 2021 – Karl McGill - Todos los derechos reservados.

Este documento está orientado a proporcionar información exacta y confiable con respecto al tema tratado. La publicación se vende con la idea de que el editor no tiene la obligación de prestar servicios oficialmente autorizados o de otro modo calificados. Si es necesario un consejo legal o profesional, se debe consultar con un individuo practicado en la profesión.

- Tomado de una Declaración de Principios que fue aceptada y aprobada por unanimidad por un Comité del Colegio de Abogados de Estados Unidos y un Comité de Editores y Asociaciones.

De ninguna manera es legal reproducir, duplicar o transmitir cualquier parte de este documento en forma electrónica o impresa.

La grabación de esta publicación está estrictamente prohibida y no se permite el almacenamiento de este documento a menos que cuente con el permiso por escrito del editor. Todos los derechos reservados.

La información provista en este documento es considerada veraz y coherente, en el sentido de que cualquier responsabilidad, en términos de falta de atención o de otro tipo, por el uso o abuso de cualquier política, proceso o dirección contenida en el mismo, es responsabilidad absoluta y exclusiva del lector receptor. Bajo ninguna circunstancia se responsabilizará legalmente al editor por cualquier reparación, daño o pérdida monetaria como consecuencia de la información contenida en este documento, ya sea directa o indirectamente.

Los autores respectivos poseen todos los derechos de autor que no pertenecen al editor.

La información contenida en este documento se ofrece únicamente con fines informativos, y es universal como tal. La presentación de la información se realiza sin contrato y sin ningún tipo de garantía endosada.

El uso de marcas comerciales en este documento carece de consentimiento, y la publicación de la marca comercial no tiene ni el permiso ni el respaldo del propietario de la misma.

Todas las marcas comerciales dentro de este libro se usan solo para fines de aclaración y pertenecen a sus propietarios, quienes no están relacionados con este documento.

Índice

Introducción — vii

1. El concepto de paganismo — 1
2. El Camino Wicca — 5
3. Druidismo — 29
4. Odinismo — 41
5. En proceso de desarrollar una relación con la Deidad — 69
6. Símbolos paganos — 85
7. Terminología Pagana — 93
8. Rituales sencillos para principiantes — 109
9. El rol de la oración — 125
10. Purificación — 149
    Conclusión — 161
    Bibliografía — 167

Introducción

Para quienes responden a la llamada espiritual del paganismo, el problema de la "imagen" es casi inevitable. Con demasiada frecuencia, la definición simplista de "pagano" es "no cristiano", y con ella viene un miedo instintivo a la adoración del diablo y al mal. Nada más lejos de la realidad.

Despojemos a la palabra "pagano" de esas connotaciones negativas, y olvidemos que la iglesia cristiana creó la etiqueta como un peyorativo. Así, "pagano" simplemente denota las religiones practicadas antes de la difusión del cristianismo después del primer siglo.

Por desgracia, la mayoría de esas primeras formas de culto iban y van en contra de las prácticas y creencias cristianas aceptadas. Ahí es donde empiezan a surgir los problemas.

El cristianismo afirma adorar al "único Dios verdadero", mientras que los paganos son politeístas y adoran a múltiples dioses de múltiples tradiciones. En la cosmovisión pagana, la "deidad" está presente en todas las cosas, no encarnada en una sola forma.

Es evidente que el conflicto esencial con la creencia cristiana dominante en Europa y el mundo occidental es inevitable. Cualquier fe que, por definición, adora a un solo dios debe considerar la adoración de todos los demás como una herejía.

Tradicionalmente, la iglesia cristiana no ha sido lo suficientemente tolerante como para encontrar un terreno común con los paganos que adoran a la Madre Tierra o que reconocen una inteligencia universal inherente a toda la creación.

Los paganos practicantes han sido tachados (a veces literalmente) de herejes y perseguidos por nuestras creencias durante cientos de años.

Sin embargo, en el siglo XVII, y más o menos al mismo tiempo que el auge del movimiento cultural y artístico conocido como Romanticismo, comenzó a verse una

Introducción

especie de renacimiento pagano. Este renovado interés por las antiguas religiones centradas en la tierra condujo al surgimiento de las modernas creencias neopaganas. Las consecuencias de ese renacimiento espiritual son el verdadero tema de este libro.

Es importante entender que el "paganismo" es un término que engloba una serie de filosofías. Cualquier escritor que intente abordar el "paganismo" como tema se ve obligado a tomar decisiones sobre qué tratar para poder acotar razonablemente el material.

La esperanza es que al destacar aspectos de filosofías paganas ejemplares sea posible expresar con precisión lo que significa caminar por el mundo con una mentalidad pagana. Intentaré hacerlo con tres ejemplos: La Wicca , el Druidismo y el Odinismo .

He elegido la Wicca porque el público en general está bastante familiarizado con su existencia. El druidismo proviene de una rama similar de origen celta y, por lo tanto, es una extensión lógica de la discusión wicca. El Odinismo, sin embargo, es más germánico y escandinavo en origen y nos permitirá mirar un panteón diferente de dioses.

Por favor, comprende desde el principio que estos son sólo tres caminos entre muchos otros.

Introducción

Esto no es una invitación a recorrer el mismo camino, ni se está recomendando ninguna dirección para el viaje personal.

Dado que muchos Paganos son practicantes únicos que se nutren de varias tradiciones, es, en mi opinión, imposible ofrecer una explicación definitiva del Paganismo en todas sus posibles expresiones.

En muchos sentidos es necesario mantener conversaciones actuales, continuas y frescas sobre las vivencias en las religiones paganas porque todas las creencias paganas son fuertemente experienciales.

Todos tenemos mucho que aprender de los demás y, a medida que vivimos y aprendemos, debemos hacer ajustes en nuestras vidas espirituales de acuerdo con la nueva percepción y comprensión.

Nunca habrán dos caminos iguales hacia el paganismo. Una persona puede decidir que su camino es el de la Wicca y no pertenecer a ningún aquelarre y se puede relacionar con dioses y diosas de otras tradiciones además de la Señora y el Señor.

A diferencia de la religión cristiana organizada, el paganismo no carga a sus seguidores con dogmas innecesarios. La cuestión es encontrar y seguir tu propio camino espiritual allá donde te lleve.

Si vienes de un entorno cristiano, tu inclinación natural puede ser buscar un libro o "reglas" o "leyes" al comenzar este nuevo viaje. Aunque es posible que encuentres muchos textos eruditos que aumentarán la profundidad de tu comprensión, no existe una "Biblia" pagana.

El objetivo de este libro es ayudarte a entender que, aunque sus principios son altamente éticos, el paganismo pone la responsabilidad de la acción correcta directamente sobre los hombros del practicante.

El énfasis en la auto-responsabilidad es tan fuerte que en algunos aspectos, tú puedes encontrar que los sistemas paganos son más rígidamente éticos que sus contrapartes cristianas.

Al final del texto, espero haber disipado algunos de los mitos más comunes sobre el paganismo y haber ofrecido alguna ayuda a aquellos lectores que están dando sus primeros pasos en un nuevo curso espiritual.

Esto no pretende ser un libro de texto, ni siquiera un conjunto de instrucciones, sino más bien información compartida y observaciones desde alguien que ya ha emprendido esta búsqueda.

Los libros de instrucciones y que te dicen cómo vivir

no van en armonía con los ideales del paganismo. No. Lo que se busca es una vida espiritual que esté en constante cambio, progreso y reto. Una vida espiritual que dependa de ti mismo, tus circunstancias y las decisiones que tomes.

Además, para ser un pagano practicante, no es necesario participar en elaborados rituales con grupos de personas.

Puedes incorporar aspectos de tu espiritualidad de forma silenciosa y sencilla en tu vida cotidiana.

La "atención plena" (o "mindfulness" en inglés) es un poderoso acto espiritual. Detenerse a apreciar el canto de un pájaro o a observar el amanecer o la puesta de sol es, para un pagano, un acto de adoración. Empezar y terminar el día con unas palabras de agradecimiento a las deidades que sigues te llevará a una relación más estrecha con ellas.

La atención plena sugiere que la mente está totalmente atenta a lo que está sucediendo, a lo que estás haciendo, al espacio por el que te mueves. Esto podría parecer trivial, si no fuera por el molesto hecho de que a menudo nos desviamos del asunto que tenemos entre manos.

Nuestra mente vuela, perdemos el contacto con nuestro cuerpo, y muy pronto estamos absortos en pensamientos

Introducción

obsesivos sobre algo que acaba de ocurrir o preocupados por el futuro. Y eso nos hace estar ansiosos.

La atención plena es la capacidad humana básica de estar plenamente presente, consciente de dónde estamos y de lo que hacemos, y sin reaccionar excesivamente ni abrumarnos por lo que ocurre a nuestro alrededor.

Sin embargo, por mucho que nos alejemos, la atención plena está ahí para devolvernos a donde estamos y a lo que estamos haciendo y sintiendo.

La atención plena es la capacidad humana básica de estar plenamente presente, ser consciente de dónde estamos y de lo que hacemos, y no ser excesivamente reactivo o abrumado por lo que ocurre a nuestro alrededor. Es estar atento de todo lo que pasa alrededor. Es un acto de adoración.

La atención plena es una cualidad que todos los seres humanos ya poseen, no es algo que haya que conjurar, sólo hay que aprender a acceder a ella.

Los paganos, al igual que cualquier otra persona religiosa, pueden ser culpables de limitarse a aparecer en las grandes fiestas, pero en mi opinión, la espiritualidad que se vive a diario es mucho más rica y gratificante. Este es mi camino, pero no tiene por qué ser el tuyo.

Introducción

Al final, el mejor consejo que puedo ofrecer es abrir el corazón y escuchar. Los dioses y diosas con los que estás destinado a trabajar te encontrarán. Nunca te resistas a la llamada de tu propio corazón y de tu mente mientras encuentras tu camino en el mundo. Que este libro no sea un lugar de peso ni presión para ti; que en este libro descubras cosas que, no solamente forman parte del mundo "exterior", sino que también del "interior"; es decir, te vas a conocer mejor y emprenderás un camino hacia una vida espiritual saludable.

1

El concepto de paganismo

Etimológicamente, paganismo y pagano son palabras que provienen del latín "paganus", que significa, campo rural o de aldea. Sus primeros usos fueron para designar a las personas que vivían en el campo.

Dadas las circunstancias históricas y sociales del concepto, es imposible definir el paganismo sin hablar de cristianismo. El término se utilizó por primera vez de manera peyorativa en el siglo V, a finales del Imperio Romano para señalar a aquellos que aún no se convertían al cristianismo y seguían adorando a dioses romanos y griegos.

Sin la popularización de la religión católica, ninguna otra religión sería considerada como "pagana".

Sin embargo, de alguna manera crear estas definiciones con un punto de vista occidental podría resultar ofensivo para los practicantes de esta religión.

Por eso, para alejarnos de los malentendidos y de manera simple, podemos decir que un pagano, es una persona que pone en práctica un sistema de creencias, basado en los fenómenos de la naturaleza y en las culturas antiguas, que existió antes del cristianismo.

Sin embargo, existen términos y conceptos que entran dentro de la definición de pagano que merecen la pena ser revisados.

Neopagano o neopaganismo, utilizado por algunos puristas para diferenciar a los antiguos religiosos de aquellos que comenzaron a seguir la espiritualidad pagana tras el renacimiento y reinterpretación de las religiones indígenas europeas y mediterráneas en el siglo XVII. Algunas de las religiones neopaganas más populares son Wicca, Druidismo y Odinismo.

El concepto de religión y su relación con el paganismo.

. . .

Muchos practicantes no consideran apropiado definir al paganismo como una religión, ya que esto implica un grado de estructura, organización y dogma que simplemente no se encuentra presente en estas prácticas.

Muchos prefieren referirse a estas tradiciones como filosofía o estilo de vida. Encasillarlas en el concepto de religión es meramente para facilitar su estudio.

Aunque el paganismo no es un sistema de creencias estricto y hay distintos ritos y religiones que componen el concepto, existen características generales que se cumplen en la mayoría de los casos.

La cosmovisión pagana se basa en el uso de la magia para explicar y relacionarse con los fenómenos de la naturaleza. El sistema de creencias pagano es politeísta, y sus deidades se remontan a aquellas existentes antes del ascenso del cristianismo, a su vez, creen en la existencia de seres mágicos y espirituales, es panteísta, atribuyéndole valores sagrados a la naturaleza y es animista, creyendo que todos los seres vivos e incluso objetos inanimados poseen alma.

. . .

Las comunidades paganas celebran las liturgias populares como bautizos, matrimonios y funerales.

Algunas comunidades hacen rituales de iniciación.

Muchos grupos utilizan la rueda del año, un calendario utilizado en las religiones neopaganas para identificar el ciclo de las estaciones. Samhain, Yule, Imbolc, Ostara, Beltane, Litha, Lughnasadh, Mabon.

La vestimenta ritual es algo que comúnmente se observa en las religiones paganas, usualmente son túnicas largas con adornos rituales y herramientas con significado simbólico, como cuchillos, bastones o varitas. Algunos utilizan los tatuajes o las modificaciones corporales como manera de expresar su espiritualidad.

2

El Camino Wicca

La tradición Wicca es probablemente la tradición neopagana más popular. Se rige por un principio universal, la Rede Wicca, "Mientras no dañes a nadie, haz tu voluntad".

Esta religión se compone principalmente de antiguas tradiciones druídicas y chamánicas de Europa occidental.

No hay un poder máximo dentro de la religión ni un sistema de organización, no existe ningún libro sagrado, aunque muchos wiccan poseen un "libro de las sombras" como una bitácora personal donde se registran hechizos o rituales específicos.

. . .

Las wiccas que pertenecen a un aquelarre deben de pasar por una serie de rituales de iniciación mientras todo el grupo las observa. Dentro del grupo, se unen a una comunidad que comparte las mismas creencias para aprender y practicar rituales sagrados. Por otro lado, los que practican por su cuenta, deben de hacer un juramento consigo mismos para vivir el estilo de vida Wicca de manera correcta con introspección y estudio constante.

Ambos caminos para acercarse al estilo de vida Wicca son válidos y aceptados dentro de la religión.

Dado que la estructura de creencias wiccanas, independientemente de su forma, está notablemente libre de dogmas, la religión se centra en el aquí y el ahora.

Los wiccanos creen que la Deidad infunde toda la naturaleza, de modo que la pradera florecida, el majestuoso desierto y el sombreado bosque son catedrales naturales y santificadas en las que la Tierra les habla constantemente.

Predican la consciencia activa del lugar del ser humano dentro de la rueda activa de la vida.

. . .

Por eso, muchos ritos wiccanos se realizan al aire libre y, en ocasiones, al desnudo.

Los wiccanos celebran todas las experiencias vitales importantes, como el nacimiento, el amor, el sexo y la muerte. La creencia en la reencarnación es frecuente entre los wiccanos, pero no existe el concepto de ir al cielo como recompensa por un comportamiento bueno y moral en la vida presente. Del mismo modo, tampoco existe la noción del infierno como lugar de castigo.

La muerte es simplemente otra etapa de la vida que hay que venerar y experimentar. Los wiccanos reconocen que el mundo físico está compuesto por múltiples capas de realidad, cada una de las cuales varía en peso e intensidad. Ninguna variación es vista como la expresión última o más pura de lo que significa estar vivo, pero cada una enseña lecciones únicas para vivir.

El wiccano individual mira a sus propios sentidos como guía de lo que es verdadero y funcional en el contexto de sus creencias y ajusta esas creencias en consecuencia. Una vez que se ha vivido una experiencia, entonces se "posee" y se convierte en parte de lo que uno es.

. . .

La lectura, el estudio y el debate nunca pueden sustituir a una experiencia en primera persona.

El calendario wiccano observa el ciclo de las estaciones a través de una serie de ocho fiestas principales o "sabbats".

Los sabbats menores están basados en los antiguos festivales germánicos y corresponden a los dos solsticios y los dos equinoccios. Los sabbats mayores están basados en los antiguos festivales gaélicos y se celebran a medio camino entre los primeros cuatro.

- **Samhain**. Se celebra la noche del 31 de octubre al 1 de noviembre y es la celebración que cierra la temporada de cosecha en la cultura celta. Además es considerado como el "año nuevo celta" y da inició a las estaciones oscuras en el hemisferio norte. Se cree que las barreras entre el mundo físico y el mundo de los espíritus se rompen durante Samhain, lo que permite una mayor interacción entre los humanos y los habitantes del Otro Mundo.

Los primeros textos presentan el Samhain como una celebración obligatoria que duraba tres días y tres noches, la fiesta más importante de los celtas.

Una vez terminada la cosecha, los sacerdotes y los pobladores incendiaban juntos un fuego comunitario utilizando una rueda que provocaba fricción y encendía las llamas. La rueda se consideraba una representación del sol y se rezaban oraciones a su alrededor. Se hacían festines con el ganado y los participantes llevaban una llama de la hoguera comunitaria a su casa para volver a encender el fuego en su hogar.

Como los celtas creían que la barrera entre los mundos se vulneraba durante esta noche, preparaban ofrendas que dejaban fuera de los pueblos y los campos para las hadas, o Sidhs. También se creía que los antepasados cruzaban durante esta celebración.

Existen algunos monstruos mitológicos asociados al Samhain, como la criatura cambiaformas llamada Pukah, que recibe las ofrendas de la cosecha del campo. También existen figuras de horror, como la Dama Gwyn es una mujer sin cabeza vestida de blanco que persigue a los vagabundos nocturnos y que va acompañada de un cerdo negro, o los Dullahan, hombres sin cabeza montados en caballos de ojos llameantes y su aparición era un presagio de muerte para cualquiera que se encontrara con ellos.

- **Yule.** Corresponde al solsticio de invierno, el día más corto del año. Originalmente duraba 12 días e iniciaba el 21 de diciembre, el cristianismo más tarde lo asimiló como Navidad. Esta celebración proviene de los antiguos pueblos nórdicos y se celebraba en familia, se recordaba a los ancestros y a los familiares y amigos ausentes.
- **Imbolc**. Se celebra el 1 de febrero. Es una celebración de la renovación de la naturaleza y la llegada de la primavera. Es una observancia durante la cual los wiccanos miran el año pasado y sus logros y establecen objetivos o hacen resoluciones para el año siguiente.

Basada en una tradición celta, Imbolc pretendía marcar el punto medio entre el solsticio de invierno y el equinoccio de primavera en la época precristiana en las Islas Británicas. Las primeras menciones de Imbolc en la literatura irlandesa se remontan al siglo X, la poesía de esa época relaciona la festividad con la leche de oveja, debido al ciclo de cría de ovejas, y la pureza. Además, las celebraciones de Imbolc adoptaban la forma de un festival en honor a la diosa pagana Brigid.

. . .

Los pobladores se preparaban para la visita de Brígid a sus hogares elaborando una efigie de la diosa con manojos de avena y juncos. La imagen se colocaba en un vestido y se ponía en una cesta durante la noche.A lo largo de los siglos, Brigid fue adoptada por el cristianismo como Santa Brígida, una de las tres santas patronas de Irlanda.

- **Ostara.** Se celebra alrededor del 21 de marzo, coincide con el Equinoccio de Primavera, cuando la duración del día y la noche son iguales. Como símbolo de la fertilidad y el renacimiento, el huevo está muy presente en la celebración de este sabbat, que incluye el lanzamiento de huevos, las peleas de huevos y regalar huevos decorados a los amigos y seres queridos para desearles buenos deseos en la estación entrante. Más tarde esto evolucionaría en la pascua.

Ostara es la diosa de la fertilidad germánica, asociada con el inicio de la primavera, es la diosa del amanecer.

Ostara se entendía en la mitología nórdica como la bendición más grande del año, era el festival de renovación, regocijo y fertilidad.

. . .

El Festival de Ostara marca el fin del invierno y el comienzo de la época del renacimiento, la primavera. Los escandinavos lo celebraban con un "blót" (un sacrificio) en honor de las diosas Frigg y Freya y el dios Frey, dioses asociados con la fertilidad. Hoy en día el blót es una comida de celebración y los wiccanos utilizan el término cakes and ale, que se traduce por tortas y cerveza, para celebrarlo.

- **Beltaine.** Se celebra el 1 de mayo y para los celtas esta fecha marca el inicio de la temporada de verano pastoral. Las manadas de ganado se llevan a pastar a las montañas verdes. Estas fiestas celtas solían estar relacionadas con las necesidades de la comunidad, por lo que en primavera, al comienzo del calendario agrícola, todo el mundo deseaba un año fructífero para sus familias y su cosecha, esta celebración se concentraba en la fertilidad y la abundancia..

Los rituales de Beltane solían incluir el cortejo entre hombres y mujeres jóvenes que como actividad se ponían a recoger flores en el bosque y encendían hogueras por la noche. Estos rituales solían desembocar en encuentros y matrimonios, ya sea inmediatamente en el verano o en el otoño. Otras festividades incluían el fuego, que se creía que limpiaba, purificaba y aumentaba la fertilidad.

A menudo se pasaba el ganado entre dos fuegos y se consideraba que las propiedades de la llama y el humo garantizaban la fertilidad del rebaño.

- **Litha.** Que corresponde al solsticio de verano el 21 de junio, el día más largo del año y la noche más corta. Al ser el día más largo de todo el año, se aprovechaba la oportunidad para celebrar la luz, el calor, la abundancia y la felicidad.

Se celebraba con baños de purificación en ríos, fuentes y cascadas de la naturaleza. Además, por la noche, los paganos recogían hierbas mágicas para realizar pociones y encantamientos pues creían que su poder se multiplicaría con las energías de ese día. Es una celebración donde se optaba por hacer rituales de amor al aire libre y hacer grandes banquetes de comida a la luz del fuego. Litha es una de las ocho festividades de origen pagano nórdico que señala el solsticio de v.

- **Lughnasadh**. Se celebra el 1 ó 2 de agosto y es un momento de agradecimiento a la tierra por la abundancia de la cosecha. Celebra la primera cosecha del año y el paso del verano al otoño. Es otro día en el que los gaélicos suelen celebrar matrimonios y también es un momento popular para las iniciaciones de aquelarres.

La leyenda cuenta que la madre adoptiva del Dios Lugh, Tailtiu, murió el 1 de agosto de agotamiento tras limpiar las llanuras de Irlanda para una buena agricultura. Para honrar a su madre, Lugh celebró el primer Lughnasadh con una reunión de personas para conmemorar la muerte de su madre. Honrar a los muertos era extremadamente importante para los antiguos irlandeses, como lo es hoy, por lo que empezaron a celebrarse más Lughnasadh en diversos lugares de Irlanda.

Las cimas de las colinas, las montañas y las riberas de los ríos son los principales lugares de celebración de Lughnasadh. Los festejos incluían banquetes con las cosechas recién recogidas, elaboración de pan, entretenimiento con música y danza, búsqueda de parejas, comercio y juegos deportivos de competición, sobre todo los Juegos de Tailteann, en los que se realizaban exhibiciones de lucha, lanzamiento de lanzas, carreras, saltos de longitud y de altura y carreras de caballos. También se celebraban concursos de narración de cuentos y de herrería de oro.

Como en otros festivales, los festejos incluyen hogueras, probablemente para honrar al dios del sol y alabar el buen tiempo. El ritual matrimonial pagano del atado de manos, en las que una pareja se unía con una cinta y podía tener un matrimonio de prueba que duraba un año y un día.

- **Mabon**. Se celebra el 21 de septiembre y corresponde con el Equinoccio de Otoño y marca el comienzo del otoño. En esta época del año es cuando los agricultores saben lo bien que les han ido sus cultivos de verano y lo bien alimentados que están sus animales. Esto determina si ellos y su familia tendrían suficiente comida para el invierno. Por eso la gente solía dar gracias en esta época, gracias por las cosechas, los animales y los alimentos.

El nombre de Mabon proviene del Dios galés, que era hijo de la Diosa Madre Tierra. Sin embargo, hay pruebas de que el nombre se adoptó en los años 70, y la fiesta no era originalmente una celebración celta.

Para celebrar esta fiesta, los paganos recogen manzanas como símbolo común de la segunda cosecha después de la Lughnasadh . Otros pueden realizar un ritual para restablecer el equilibrio y la armonía en sus vidas, ya que esta fiesta celebra un día con la misma luz y el mismo día.

. . .

Otro ritual común es montar un altar con símbolos de la estación, como manzanas, uvas y otras cosechas estacionales.

Los rituales wiccanos se celebran a menudo al aire libre como medio de aprovechar la conexión más profunda con la Tierra. El objetivo es caminar con ligereza sobre la Madre Tierra y aprender de sus enseñanzas.

Es habitual que los wiccanos se dediquen a causas medioambientales y que vivan como vegetarianos o veganos.

Algunos wiccanos reconocen y utilizan la magia, ya sea un pequeño hechizo para ayudar a localizar un objeto perdido o un elaborado ritual diseñado para concentrar el poder y entrar en comunión directa con la deidad.

La magia es otra herramienta para ayudar al individuo a ponerse en contacto con el propósito de su vida y a alinearse más directamente con su ser superior.

. . .

Sin embargo, es inexacto equiparar las palabras "Wicca" y "bruja" como intercambiables, aunque comúnmente verás el término "brujería" utilizado para describir los rituales y hechizos wiccanos.

En pocas palabras, se puede ser un wiccano que no practica la magia o un brujo que no sigue la Wicca. Sin embargo, tanto un wiccano como un brujo serían denominados paganos, ya que ambos son seguidores de una de las muchas religiones basadas en la tierra.

La Wicca no es la adoración del diablo: Los wiccanos no creen en Satanás. No reconocen un conflicto en el mundo entre una fuerza del bien supremo y otra del mal supremo.

La iglesia cristiana, al librar una guerra contra el satanismo, postula que se ha hecho un pacto con el diablo por parte de los seguidores que se dedican a prácticas de magia negra que incluyen el sacrificio de animales y humanos.

Los wiccanos no tienen absolutamente nada que ver con tales creencias o actividades.

Es especialmente importante entender que, en términos de supervisión moral, las comunidades paganas no son antros licenciosos de abusadores de niños y adúlteros en serie.

Si acaso, el código de conducta es tan estricto o más en un aquelarre wiccano que en muchos entornos cristianos, incluso ante una actitud abierta hacia la sexualidad.

En el mundo wiccano, los aquelarres normalmente no aceptan estudiantes hasta que tienen 21 años o más, razonando, con razón, que sería inaceptable e inapropiado exponer a individuos más jóvenes a rituales que incluyen simbolismo sexual e incluso desnudez. (La desnudez ritual, conocida como "trabajar con skyclad", es siempre una práctica opcional).

Aunque puede ser difícil de entender para los detractores temerosos, la Wicca se basa en una filosofía de responsabilidad personal que hace hincapié en el edicto de no hacer daño. Es una estructura de creencias ética y de principios.

. . .

Los wiccanos no solicitan miembros. No permitimos que los niños participen en los rituales. No se exige la desnudez ni actividad sexual.

Si cualquier grupo que se llama a sí mismo "Wiccan" pide a los futuros miembros que hagan cualquiera de estas cosas - o de hecho cualquier cosa que se sienta incómoda o "incorrecta" - no estás trabajando con una verdadera comunidad Wiccan. Sigue siempre tu "instinto". Es una de las voces más fuertes que te ha dado la naturaleza. Si algo no te parece bien, vete. Si sospechas que los niños o los jóvenes están siendo dañados o maltratados de alguna manera, ponte en contacto con las autoridades. Este es precisamente el tipo de acción correcta que la verdadera creencia wiccana nos exige.

Principios y creencias wiccanas: Como los wiccanos aceptan que hay más de un camino hacia "Dios" (o dioses), los miembros no hacen proselitismo (reclutamiento). Cada individuo debe encontrar su propio camino espiritual. Aquellos que están destinados a ser wiccanos encontrarán la Wicca. Es así de simple.

Se deduce naturalmente, entonces, que como los wiccanos no ven el mundo en términos de una lucha cósmica entre el bien y el mal últimos, no hay necesidad de exclusividad.

Los seguidores de la Wicca son libres de practicar otras observancias religiosas y de reconocer y adorar a más de una deidad.

En general, los wiccanos siguen siete creencias principales cuya expresión y observancia varía según el aquelarre y el individuo. Cada una de ellas se discute a continuación.

- La deidad en la polaridad: Mientras que la única fuerza divina que da la vida universal se llama espíritu o deidad, no tiene una definición confinada ordenada por tiempo, espacio o género. Sin embargo, la deidad tiene aspectos separados, incluyendo el masculino y el femenino, como se representa en el Dios y la Diosa. La igualdad del Dios y la Diosa es una dinámica sagrada central en la práctica de la Wicca. Los dos aspectos son mitades separadas pero inseparables de un mismo todo, que existen en polaridad. Ambos son cálidos y amorosos, accesibles y alcanzables. El Dios y la Diosa son omnipresentes y no pueden existir independientemente uno del otro.

- Una Deidad inmanente: La Deidad como fuerza vital sagrada es inherente a todas las personas y a todas las cosas. Cada uno de nosotros es parte de lo divino, al igual que todas las cosas que nos rodean. Esta forma sagrada de pensar da a los wiccanos un respeto instintivo por todos los seres y por el mundo natural en el que viven. El concepto de deidad inmanente no es tanto la idea de que una brizna de hierba o un trozo de piedra al azar posean un alma propia, sino que todos formamos parte de un "alma" universal mayor."
- La Tierra y su divinidad: Dada esta creencia, debería ser fácil ver la tierra como la mayor de todas las manifestaciones tangibles de la deidad, y una que está estrechamente ligada a ese aspecto de la deidad que llamamos la Diosa. La tierra es la madre universal, que da a luz a todas las cosas y las vuelve a recibir en la muerte. La Wicca enfatiza el flujo natural de poder de la tierra, expresado en el ciclo de las estaciones. Estar en sintonía con la energía de la tierra y trabajar con ella es un enfoque especial del camino y está en el corazón de la creencia wiccana de que hay un imperativo

especial para cuidar responsablemente de la Madre Tierra como un espacio sagrado. Las acciones responsables en este sentido podrían incluir seguir una dieta vegetariana o vegana y participar en proyecciones de conservación y otros aspectos del activismo medioambiental.

- Agudizar los poderes psíquicos nativos: Según la creencia wiccana, cada uno de nosotros nace con habilidades psíquicas que pueden agudizarse para permitir una mejor conexión con la fuerza divina. Con estas habilidades, una persona puede obtener más información sobre el mundo en general de lo que los cinco sentidos normalmente permitirían y, por lo tanto, puede realizar actos mucho más allá de las limitaciones normales de la acción humana. La meditación, la adivinación ritual y otras formas de práctica mágica forman parte de la vida espiritual wiccana y se recurre a ellas como medio para potenciar la intuición natural y permitirle llegar tanto al interior como al exterior con sus poderes psíquicos.
- Creer en la magia: La magia es utilizada por los wiccanos para ayudar a negociar los giros y vueltas de sus viajes espirituales. El propósito central de la creencia en la magia es facilitar la trascendencia de lo ordinario como una herramienta de empoderamiento y

crecimiento. Aunque a mucha gente le resulte incómodo admitirlo, la mayoría de las religiones, incluido el cristianismo, emplean el pensamiento mágico; simplemente utilizan otros nombres para lo que hacen. Quizá el ejemplo más llamativo sea el del acto cristiano de la misa o la comunión, en el que el pan y el vino del sacramento se transforman en el cuerpo y la sangre de Jesucristo. El acto de la oración es una forma de comunicarse con la deidad y de extender la energía concentrada hacia un resultado deseado. No todas las oraciones (o hechizos) están diseñadas para manifestar un objeto o poner en marcha una serie de acontecimientos. Algunos simplemente piden una aceptación pacífica y sabia de las circunstancias actuales y piden la perspicacia para actuar de forma adecuada. Es sólo semántica que una religión llame a la oración un acto de fe y otra la describa como una meditación mágica. En la Wicca, la magia nunca se utiliza como medio para hacer que el mundo natural se ajuste a la voluntad del practicante.

- Reencarnación: Aunque la mayoría de los wiccanos creen en la reencarnación, existe un debate sobre cómo funciona el proceso. La idea de que las almas humanas abandonan un cuerpo al morir y entran en otro en una especie de renacimiento es razonablemente universal, pero si se trata de un reciclaje de la esencia de la misma persona o de una transferencia directa es más difícil de resolver. También está muy extendida la creencia en el concepto de un alma universal que está dentro de todos nosotros simultáneamente. El alma universal experimenta diferentes realidades e infinitas posibilidades. Al ramificarse en diferentes recipientes, explora varias vidas que van hacia la creación de una experiencia única de crecimiento y comprensión. Cada wiccano debe llegar a una comprensión personal de la reencarnación a través de la meditación y la autoconciencia. Como con todos los principios, la religión es muy complaciente con la comprensión individual.

- El sexo como acto sagrado: En una fe en la que la deidad es venerada en sus aspectos masculino y femenino, no debería sorprender que la unión sexual de adultos que consienten sea vista como una expresión sagrada de esos aspectos duales. Sin embargo, no existe ningún tabú o prejuicio contra las uniones homosexuales. El acto sexual es también una expresión de los dones fértiles de la madre tierra. La Wicca está repleta de simbolismo sexual, por lo que los aquelarres suelen restringir la pertenencia a personas mayores de 21 años.

La Ley Triple y la Red Wicca: Aunque los wiccanos individuales deben encontrar su propio camino ético en el mundo, la Rede Wicca se toma como principio rector. "Si no haces daño a nadie, haz lo que quieras".

La Rede puede ser comparada con una especie de "Regla de Oro" que nos exhorta a cada uno de nosotros a pensar antes de actuar y hablar y a abstenernos de realizar acciones o de expresar pensamientos e ideas que sean perjudiciales para nosotros mismos o para los demás.

La Rede lanza una especie de reto para actuar de acuerdo con el propósito más elevado de la voluntad humana y, al hacerlo, infundir todos los aspectos de nuestra vida con conciencia espiritual. Todas las acciones emprendidas, las decisiones tomadas y las ideas expresadas deben estar en perfecto acuerdo y armonía con la deidad.

El énfasis de la Rede en el autoconocimiento, el empoderamiento y la responsabilidad personal es la máxima expresión de los fundamentos éticos de la Wicca.

A diferencia del cristianismo, que coloca las almas de los hombres siempre en riesgo de ser tentadas por las fuerzas del mal, la Wicca cree que cada uno de nosotros es un alma libre con pleno control sobre la dirección y el propósito de nuestras vidas. En otras palabras, la responsabilidad termina aquí.

No se puede culpar a Satán o al diablo por un acto que viola los principios morales. La Wicca no deja que te salgas con la tuya tan fácilmente.

Muchos wiccanos se sienten atraídos por el camino por esta misma razón. No estamos a merced del destino, sino que estamos comprometidos en el acto de dar forma al curso de nuestras vidas cada segundo y somos completamente responsables de cada acción - buena y mala.

La Rede es una parte importante del proceso de integración de las experiencias pasadas para influir positivamente en las acciones futuras, al igual que la Ley Triple.

Este principio afirma que todo lo que pongas en el mundo volverá a ti tres veces. La energía positiva engendra energía positiva y un flujo de vida más suave.

Juntos, la Rede y la Ley Triple son piedras de toque que ilustran que la elección de seguir el camino de la Wicca es una dedicación personal a vivir en el mundo de forma ética.

Como una de las muchas religiones basadas en la tierra, la Wicca es una de las más populares de las creencias paganas y una que es especialmente complaciente con la experiencia del practicante individual.

3

Druidismo

La Wicca toma muchos principios del Neo-Druidismo, que también es una religión de la tierra que promueve la adoración en armonía con la naturaleza. El druidismo vio el resurgimiento en Gran Bretaña en los siglos XVII y XVIII en conjunto con el Movimiento Romántico y su glorificación de la cultura celta. Significativamente, muchas de las raíces de la Wicca moderna también se establecieron en el mismo período.

En los 100 años siguientes, el énfasis cultural del nuevo pensamiento druídico se transformó en el movimiento espiritual que conocemos hoy. Al igual que los wiccanos, los druidas son ecologistas acérrimos y también creen en la veneración de los antepasados.

. . .

Gracias sobre todo a la figura de Merlín en las leyendas artúricas, existe una percepción popular de un "druida" como un viejo mago sabio con una abundante barba blanca que va de un lado a otro con túnica aconsejando a los reyes y alterando mágicamente el curso de los acontecimientos. Los videojuegos también han hecho su parte para promulgar esta imagen.

Esta construcción estereotipada, aunque quizá no sea del todo errónea, es tan limitada como la percepción de una bruja como una arpía vestida de negro con un sombrero puntiagudo y montada en una escoba.

Neodruidismo: Como en el caso de la Wicca, las creencias neodruídicas no están ligadas a un dogma sistemático específico. La unidad organizativa básica en la mayoría de los grupos es la "arboleda". Hay un número de cuerpos gobernantes druídicos que supervisan las ramas del cuerpo de creencias incluyendo:

La Antigua Orden de los Druidas en América, fundada en 1912, un grupo que en realidad no pretende ser descendiente de los antiguos druidas, ellos mismos. En su lugar, la AODA traza su evolución desde el "Renacimiento Druida", que comenzó hace 300 años.

. . .

Se presenta como una sociedad "esotérica". Existe un rito de iniciación y tres grados: Aprendiz de Druida, Compañero de Druida y Adepto de Druida, que se otorgan tras un programa de estudio que hace hincapié en el desarrollo espiritual del individuo. El Gran Grove supervisa la Orden, los Groves miembros y los grupos de estudio.

Los Druidas Reformados de Norteamérica, fundados en 1963, en el Carleton College de Northfield, Minnesota, no eran originalmente más que una protesta irónica contra el requisito de la escuela de que los estudiantes asistieran a los servicios religiosos.

Sin embargo, en los últimos 40 años, el grupo se ha convertido en un movimiento espiritual centrado en la naturaleza. Los druidas reformados siguen los días de fiesta de la tradición pagana. Sus reuniones incluyen cantos, cánticos, oraciones y el consumo ritual de las Aguas de la Vida (whisky escocés y agua).

La Orden de Bardos, Ovates y Druidas, fundada en 1964, divide a sus miembros en tres grados de trabajo: Bardos (artistas, músicos y compositores), Ovates (sanadores, consejeros y ayudantes) y Druidas (maestros y negociadores).

Los miembros individuales y los grupos son libres de elegir su propio panteón de dioses para el culto, pero la mayoría venera a los dioses y diosas tradicionales de la tradición celta (Inglaterra, Escocia, Gales e Irlanda).

Muchos miembros de la Orden prefieren funcionar como practicantes solitarios.

El druidismo expresa la misma conexión con la Madre Tierra que otras tradiciones paganas, así como fuertes vínculos con los antepasados. Para los druidas, la naturaleza es la máxima expresión de la divinidad y la deidad y, por tanto, es el foco central de la veneración de la filosofía.

Historia del neodruidismo: El neodruidismo se inspira en gran medida en la tradición celta, pero como los antiguos celtas no dejaron constancia escrita, existe un considerable debate sobre lo que realmente creía este pueblo.

. . .

Las referencias a los druidas históricos aparecen por primera vez en los escritos de los romanos, que los describían como sacerdotes feroces y sanguinarios de las tribus celtas. Los romanos veían a los druidas como una amenaza y masacraron a muchos de estos sacerdotes guerreros hasta que la orden se extinguió.

Al igual que muchas creencias paganas, el druidismo disfrutó de un renacimiento durante el movimiento romántico del siglo XVII, apareciendo primero en Gran Bretaña y extendiéndose después por todo el mundo.

Los primeros escritores medievales mantuvieron la caracterización bárbara de los druidas por parte de los romanos, asociándolos con los sacrificios humanos y enfrentándolos a los primeros cristianos.

Sin embargo, a finales de la Edad Media comenzó una reinvención gradual que terminó con la representación de los druidas como héroes nacionales no sólo en Inglaterra, Escocia e Irlanda, sino también en Francia y Alemania.

. . .

Estas representaciones fueron las primeras en sugerir que los druidas eran hombres mayores con largas barbas blancas y túnicas.

Un vicario anglicano, William Stukeley (1687-1765), se identificó como druida y escribió ampliamente sobre el tema, afirmando que lugares como Stonehenge y Avebury eran templos de druidas.

Stukeley creía que los druidas practicaban una fe monoteísta muy similar al cristianismo. Sus ideas dieron lugar a la formación de sociedades druídicas, incluida la Antigua Orden de los Druidas en 1781, que estaba fuertemente influenciada por la masonería.

Ninguno de estos grupos podía describirse como de naturaleza religiosa hasta que un galés, Edward Williams, que más tarde adoptó el nombre de Iolo Morganwg, afirmó ser el último iniciado de un grupo druídico cuyas raíces se remontaban a la Edad de Hierro.

Nacionalista galés convencido, se opuso a la monarquía británica y formó un grupo religioso que, según él, rendía culto a una deidad monoteísta de la antigua tradición druídica.

Otros siguieron su ejemplo, resucitando una especie de papel nacionalista para el símbolo de un sacerdocio sabio y adorador de la naturaleza como elemento perdurable de la historia británica.

Incluso con la escasez de los escritos antiguos - y la revelación arqueológica de que Stonehenge no tenía ninguna conexión druídica - algunos "estándares" de la tradición druídica se aceptaron como conocimiento común, incluyendo la veneración de árboles y plantas específicas (especialmente robles y muérdago) un papel como sacerdotes y filósofos tribales, el trabajo especializado en herbología, medicina y astronomía y el servicio como políticos y diplomáticos.

Sin embargo, el druida moderno no se limita a recrear con una túnica las prácticas rituales de sus antiguos antepasados, presentándose en Stonehenge al amanecer para celebrar el equinoccio.

. . .

En cambio, los neodruidas tratan de devolver a la vida moderna las antiguas técnicas de comprensión y entendimiento para crear un mayor equilibrio entre las fuerzas opuestas pero complementarias (el hombre y la mujer, el sol y la luna), así como entre los elementos de la tierra, el fuego, el aire y el agua.

El druidismo moderno atrae a una mezcla de adeptos de todos los ámbitos de la vida y de todas las tradiciones espirituales. Sus seguidores no sólo sienten la atracción de los lugares antiguos, sino que, en el mundo moderno y tecnológico, el neodruida también busca su conexión con la tierra.

Algunos, de hecho, se visten con túnicas y celebran ritos en lugares antiguos, mientras que otros plantan árboles o trabajan en pequeños grupos en proyectos de conservación.

Todos sienten la necesidad de conectar con la tierra y no sólo de estar en la naturaleza, sino de formar parte de ella. Al igual que los wiccanos, celebran los festivales que marcan la Rueda del Año pagana.

· · ·

El druidismo es aún más fuertemente animista que la Wicca, y sostiene que toda la naturaleza está imbuida de espíritu o alma.

Algunos, en la tradición celta, creen que las plantas y los animales son miembros de tribus distintas.

Al trabajar por causas ambientales y tratar de detener el desarrollo desenfrenado de la tierra y la contaminación sin control, los druidas protegen a sus hermanos y hermanas en los mundos vegetal y animal.

Teología druida: Teológicamente, la Druidería es una filosofía diversa, demostrando ser igualmente complaciente con una tradición monoteísta y politeísta. Cuando el renacimiento druida comenzó en los siglos XVII y XVIII, Gran Bretaña era una nación predominantemente cristiana. No hubo un movimiento pagano floreciente hasta principios del siglo XX.

Sin embargo, ese movimiento creó una mayor libertad para que los druidas practicantes se acercaran más a los dioses y diosas celtas asociados a sus antecedentes históricos. En realidad, la Druidería Neopagana está mucho más directamente ligada a la adoración de la Diosa, aunque algunos grupos optan por la referencia intermedia al "Espíritu" en lugar de una deidad específica de género.

Las ceremonias de los druidas suelen celebrarse en círculo alrededor de un altar o una hoguera durante las horas de luz. Las reuniones en lugares antiguos, como los círculos de piedra, son habituales.

Tanto Stonehenge como Glastonbury se consideran lugares sagrados (aunque no tengan ninguna relación válida con los primeros druidas). Estos lugares atraen a grupos neodruidas en momentos importantes del año, como el solsticio de verano.

Cuando se usan túnicas, las variaciones de color pueden significar el grado dentro de la orden. Por ejemplo, en la Orden de Bardos, Ovates y Druidas, los colores respectivos de cada grado son el azul, el verde y el blanco. Los báculos rituales también pueden ser llevados.

. . .

Sin embargo, muchos druidas modernos no llevan ningún tipo de vestimenta ceremonial y mantienen su filosofía privada y muy personal.

El fundador de la Orden de Bardos, Ovates y Druidas, Ross Nichols, tomó prestado el calendario pagano o Rueda del Año de su amigo Gerald Gardner, el fundador de la línea de Brujas Gardnerianas, una rama importante de la fe Wicca. Al igual que sus hermanos wiccanos, los druidas celebran los equinoccios, los solsticios y los días de "cuartos cruzados".

Otros eventos, como el Eisteddfod , se dedican a la recitación de poesía y a la interpretación de música por parte de los bardos. Estos encuentros pueden ser verdaderos festivales o simples reuniones en el bar local.

Los instrumentos más comunes son la guitarra, la flauta, el silbato, la gaita, el arpa celta y el bodhran, que es un tambor de marco tradicional celta.

En resumen, la vida espiritual de un druida está fuertemente en sintonía con la naturaleza y se basa en un sentido de conexión antigua. Puede ser un camino altamente solitario que atrae al seguidor a lugares altos y solitarios donde mora el espíritu.

La Oración del Druida, escrita por Iolo Morganwg, es utilizada por muchos druidas y ayuda a transmitir un sentido de lo que la filosofía pretende cultivar en sus seguidores:

Concede, oh Gran Espíritu/Diosa/Dios/Santo, tu protección;

Y en la protección, la fuerza

Y en la fuerza, la comprensión

Y en la comprensión, el conocimiento;

Y en el conocimiento, el conocimiento de la justicia;

Y en el conocimiento de la justicia, el amor a ella;

Y en ese amor, el amor de todas las existencias;

Y en el amor de todas las existencias, el amor del Gran Espíritu/Diosa/Dios/Santos/la Tierra nuestra madre, y toda la bondad.

4

Odinismo

A DIFERENCIA de la Wicca y el Druidismo, el Odinismo tiene raíces escandinavas y germánicas. En algunas tradiciones el término "Odinismo" se considera sinónimo de Ásatrú, Wotanismo y Wodenismo. Sin embargo, existen claras diferencias.

Tanto el Odinismo como el Ásatrú honran el panteón escandinavo precristiano, que incluye a Odín, Thor, Freyr, Freyja y Heimdall entre otras deidades.

El Ásatrú, sin embargo, que se desarrolló en Estados Unidos en la década de 1970, se centra más en reconstruir la antigua religión hasta el punto de vestirse como vikingos y aprender las antiguas lenguas.

Los odinistas son más modernos en su perspectiva, prefiriendo extraer la sabiduría de las viejas costumbres, pero tratando de llevar esos conceptos filosóficos a los tiempos modernos.

El Odinismo también está más codificado y definido que el Ásatrú , abarcando una visión del mundo bien organizada, mientras que el Ásatrú es una especie de creencia "comodín".

El wotanismo se fundó a principios de la década de 1990 y está muy relacionado con el movimiento de supremacía blanca aria. Es una filosofía neo-völkisch y etnocéntrica.

Los wotanistas no sólo veneran el panteón nórdico o escandinavo, sino todas las deidades de la mitología europea occidental.

El wodenismo se presenta como una "religión reconstruida, camino espiritual, mentalidad, parentesco, apreciación, interés, relación y amor, del panteón wodénico".

. . .

Woden fue el más conocido de los dioses anglosajones, cuyo nombre sobrevive en los tiempos modernos en los nombres de muchos lugares de Inglaterra.

La Odinist Fellowship, con sede en el Reino Unido declara rotundamente que "el odinismo es la fe original y autóctona del pueblo inglés" y continúa describiéndola como la "religión pagana" practicada por los anglos, sajones, jutos y "pueblos teutónicos afines del continente".

Los odinistas veneran a los dioses superiores de Asgarth, también conocidos como Æsir y Vanir. Las deidades tienen la capacidad de intervenir en las vidas humanas y de cambiar el curso de la naturaleza.

A los dioses no les interesa tener seguidores abatidos, por lo que no hay reverencias ni arrodillamientos en la estructura de creencias odinistas. Los dioses se consideran poderosos aliados y amigos a los que hay que enfrentarse directamente y con orgullo.

El panteón incluye:

- Odín, que valora la sabiduría por encima de todo.
- Thor, el ardiente y feroz dios del trueno.
- Tyr, el dios de la guerra.
- Baldr, el hijo de Odín y su heredero.
- Freyja, la diosa del amor, la fertilidad, el sexo y la guerra.
- Vidar, el dios del silencio y la venganza.
- Bragi, el dios de la poesía.
- Heimdall, el guardián y dios de la luz.
- Frigg, la diosa del matrimonio, la maternidad y el hogar.
- Njord, el dios de la marinería y la navegación.
- Freyr, el dios de la fertilidad, la paz y el placer.
- Idun, la diosa de la juventud.

Vamos a profundizar en los dioses más importantes. Empecemos con el principal, Odín, el Padre Todopoderoso de un solo ojo.

Odín tiene muchos nombres y es el dios de la guerra y de la muerte. La mitad de los guerreros que mueren en la batalla son llevados a su sala del Valhalla. Es el Padre Todopoderoso tuerto, que sacrificó su ojo para poder ver todo lo que ocurre en el mundo.

Tiene dos hijos, Balder de su primera esposa Frigg y Thor de Jord. Odín también tiene varios animales. Sus dos cuervos Hugin y Munin (pensamiento y memoria) vuelan por el mundo e informan de lo que ven. Sleipnir, el caballo de ocho patas, puede correr por todos los mundos. Geri y Freki son los lobos de Odín.

Aprendió el arte mágico de la profecía de Freyja. Odín tiene un anillo de oro llamado Draupnir que es importante para los dioses.

El autosacrificio de Odín: Sentado en su trono, Hlidskjalf, con Frigg en el salón del Valhalla, Odín contemplaba el mundo entero. Pero quería saberlo todo y adquirir sabiduría y conocimiento de las cosas que le estaban ocultas. Este fue un deseo que lo llevó a sacrificarse.

Sacrificó su ojo en el pozo de Mimir y se arrojó sobre su lanza Gungnir en una especie de suicidio simbólico y ritual. A continuación, se colgó en Yggdrasil, el árbol de la vida, durante nueve días y nueve noches para obtener el conocimiento de otros mundos y poder entender las runas.

. . .

Durante sus acciones de sacrificio, vio visiones y recibió sabiduría secreta. Los conocimientos mágicos que adquirió le permitieron curar a los enfermos, calmar las tormentas, volver las armas contra sus atacantes, enamorar a las mujeres y volverse inofensivas a las peligrosas mujeres trolls, a menudo sólo con una mirada.

Odín también era un metamorfo, es decir, podía cambiar de forma. Podía caer en un trance extático y enviar su alma, lo que le permitía adoptar la forma de otra persona o de un animal. Mientras su cuerpo estaba en trance, podía viajar como un pájaro o un animal de cuatro patas, un pez o una serpiente, por todos los mundos y a lugares lejanos.

A menudo se representa a Odín como un hombre encantador que disfruta bebiendo hidromiel y vino. Pero se le acusa de "comportamiento poco varonil" cuando "toca el tambor y practica la profecía", algo que se asocia con las mujeres. El hecho de que fuera un vidente y un hombre provocó la repulsa de algunos sectores.

El siguiente dios últimamente ha recibido mucha atención mediática debido a su aparición en varias ocasiones como protagonista en las películas de superhéroes de Marvel.

Si bien el Thor de la empresa de cómics tiene cierto parecido con el de la mitología, si vale la pena presentar al Thor del odinismo en un apartado especial. Thor, el dios del trueno, es también el dios de los agricultores y del pueblo libre. Es temperamental, pelirrojo y de cejas pobladas.

Thor tiene tres poderosos objetos que utiliza en la lucha por el orden y contra el caos y los gigantes: Mjölnir, el martillo que golpea todo lo que lanza, Megingjord, el cinturón de poder que duplica su fuerza, y un par de guantes de hierro.

Thor es hijo de Odín y Fjorgynn, o Jord, y está casado con Sif. Es un gran comedor y disfruta de la bebida a base de miel, el hidromiel. Como campeón del orden en el mundo, lucha contra gigantes y otros monstruos. Quizá sea por su poder y fuerza por lo que aparece en tantas historias.

Cuando Thor perdió su martillo: El poema Thrymskvida de la Edda Poética cuenta cómo el gigante Thrym robó el martillo de Thor, Mjölnir, y lo escondió bajo tierra. Y Thor sin su martillo puso en peligro a los dioses y a todo su mundo.

Loki, normalmente tan astuto y traicionero, esta vez quiso ayudar y por eso fue a ver a Thrym y le preguntó qué quería a cambio del martillo. Thrym le pidió casarse con Freyja. Freyja dijo que no y se enfadó tanto que todo Asgard tembló.

Los dioses se pusieron de acuerdo para encontrar una solución. Heimdall sugirió que aceptaran la condición del gigante, pero que Thor se disfrazara con un vestido de novia, llevara el collar Brisingamen de Freyja y acudiera en su lugar. Ahora era el turno de Thor de enfadarse. No quería llevar ropa de mujer. Pero los dioses lograron convencerlo y Loki lo acompañó como dama de honor.

Llegaron a Jotunheim, el reino de los gigantes, durante una tormenta y se unieron a un gran festín con mucha comida. Thrym se sorprendió al ver a "Freyja" consumir un buey, ocho salmones y un barril entero de hidromiel. Loki, muy rápido, le explicó que "Freyja" había anhelado tanto al gigante que llevaba ocho días sin comer.

Cuando Thrym intentó entonces besar a "Freyja", el gigante retrocedió ante la mirada aterrorizada de la "novia". Loki se apresuró a explicar que esto se debía a que "ella" no había podido dormir durante ocho noches.

Entonces, Mjölnir fue recuperado del subsuelo y colocado en el regazo de la "novia", como regalo habitual al casarse. Pero entonces Thor se reveló y aplastó los cráneos de todos los gigantes con su martillo. El mundo de los dioses se salvó.

También está Heimdall, el padre de la humanidad. Heimdall es el padre de la humanidad y le enseña muchas cosas, como las runas. Es un dios misterioso que está vinculado al Yggdrasil, el árbol de la vida. Una interpretación de su nombre es "El que brilla sobre el mundo".

Está en guardia en todo momento, y con su aguda visión y su increíble oído puede ver a cientos de kilómetros y oír los sonidos crecientes de la hierba en el suelo y la lana en las ovejas. Necesita dormir menos que un pájaro y puede ver tan bien de noche como de día.

Heimdall de dientes de oro: Heimdall también es conocido como Gullintani ("diente de oro"), y su caballo se llama Gulltopp, "el caballo de las crines de oro". Son nombres propios de un dios del sol o de los cielos.

. . .

Su hogar, Himinbjörg, junto al Bifrost, el puente del arco iris, o posiblemente en la Vía Láctea en los cielos, era un lugar tranquilo en el que le gustaba sentarse y beber un buen hidromiel.

En una saga, Heimdall es el dios que le dice a Thor cómo recuperar su martillo después de que el gigante Thrym se lo robe.

Cuando llegó el Ragnarök, el fin del mundo predicho por una vidente, y se rompió el Bifrost, Heimdall hizo sonar su cuerno Gjallarhorn para despertar a los dioses Aesir. Durante la batalla final, Heimdall luchó contra el malvado y traicionero Loki y ambos murieron.

Heimdall aparece en los mitos, pero no se conservan fuentes que sugieran que fuera adorado por algún culto que pudiera haber dado su nombre a un lugar, por ejemplo.

Ahora iremos con una diosa, Freyja. Freyja es una diosa de la fertilidad. Es hija de Njord y tiene un hermano gemelo, Freyr.

. . .

Cuando Freyja va a algún sitio, viaja en un carro tirado por gatos. Freyja, con su bastón, conoce el arte de predecir el futuro -la profecía- y enseña a Odín este arte mágico.

Freyja también tiene un lado más oscuro como diosa de la guerra, y la mitad de los guerreros que mueren en la batalla van a sus praderas sagradas de Folkvang.

Las joyas más hermosas: Freyja lleva una joya llamada Brisingamen que era la más bella del mundo y muchos la querían para sí.

Un mito cuenta que Freyja estuvo con Odín, como su amante. Vivía en una casa que era hermosa y fuerte y cuando estaba cerrada, nadie podía entrar sin su permiso.

Un día Freyja salió de su casa y vio a cuatro enanos, dentro de una roca, en plena forja del fantástico collar.

A Freyja le gustó la joya y a los enanos les gustó ella. Ella ofreció oro y plata, pero los enanos no estaban interesados.

Sólo estaban dispuestos a vender sus partes si Freyja pasaba una noche con cada uno de ellos, y así se cerró el trato. Después de cuatro noches, Freyja consiguió su collar, se fue a casa y no le dijo a nadie lo que había pasado.

Pero, de alguna manera, el astuto travieso Loki descubrió cómo Freyja consiguió Brisingamen, y también cómo lo pagó. Y se lo contó a Odín. Odín le pidió a Loki que tomara el collar y se lo llevara.

Odín envió a Loki a la casa de Freyja, pero estaba cerrada. Hacía frío y Loki empezó a congelarse, así que se transformó en una mosca y zumbó por todas las cerraduras y juntas, buscando una forma de entrar. Finalmente encontró un pequeño agujero bajo el techo y se coló en la casa, donde todos dormían.

Loki se acercó a la dormida Freyja, que llevaba el collar, y vio que el broche estaba alrededor de la nuca. Se transformó en pulga y la mordió en la mejilla para que se despertara y se diera la vuelta en la cama. Ahora Loki podía llegar al broche. Cuando ella se durmió de nuevo, él desató cuidadosamente el collar de Freyja y se lo llevó a Odín.

Cuando Freyja se despertó por la mañana y vio que el collar no estaba y la puerta estaba abierta, sospechó lo que había pasado y fue a pedirle a Odín que le devolviera el collar. Él se lo devolvió, pero sólo después de hacerle lanzar un hechizo que maldijo a dos poderosos reyes para que lucharan entre sí por toda la eternidad.

Odin tiene una compañera y es Frigg, la diosa del matrimonio. Frigg es la reina de Asgard y la más alta de las diosas. Su hogar se llama Fensalir, que significa "salón de los pantanos". Está casada con Odín y su padre se llama Fjorgynn. Es la diosa de la maternidad y es la madre de Balder, Hodor y Hermod.

Frigg es también la diosa del matrimonio y su nombre proviene del verbo "fríja" = amar. Los viernes llevan su nombre y por eso se considera que el viernes es el mejor día para casarse. Según el mito, Frigg lleva una gran capa azul que simboliza el cielo.

La inteligente esposa de Odín: Aunque Frigg estaba casada con el dios de la sabiduría, era capaz de burlar y a veces acordaban apuestas sobre ciertas cosas.

. . .

Odín pedía consejo a su inteligente esposa sobre muchos asuntos y, aunque nunca hacía predicciones, sabía mucho sobre el futuro.

A pesar de ser la diosa del matrimonio, Frigg fue infiel a Odín en varias ocasiones, incluso con sus hermanos. Frigg y Freyja son muy parecidas, y sus funciones a veces se confunden.

Como reina de las diosas, Frigg tiene un grupo de mujeres a su alrededor. La ayudante de Frigg, Fulla, con una banda de oro en el pelo, cuida la caja de cenizas especial de Frigg y todos sus zapatos y conoce todos los secretos de Frigg. Otro asistente es Gna, a quien envía como mensajero. Cuando Frigg quiere dar protección a alguien, envía a la diosa Hlin, nombre que también recibe Frigg en ocasiones.

Entre todos los antagonistas de la historia de los dioses nórdicos se encuentra en un lugar muy especial Loki. Loki (pronunciado "LOAK-ee"; en nórdico antiguo Loki, cuyo significado se analizará más adelante) es el astuto dios embaucador de la mitología nórdica.

. . .

Aunque es tratado como un miembro nominal de los dioses, Loki ocupa una posición muy ambivalente y, en última instancia, única entre los dioses, gigantes y otros tipos de seres espirituales que pueblan la religión nórdica precristiana.

Sus relaciones familiares así lo atestiguan. Su padre es el gigante Farbauti (nórdico antiguo Fárbauti, "Golpeador cruel"). Su madre es Laufey (cuyo significado se desconoce) o Nal (Nál, "Aguja"). Laufey/Nal podría ser una diosa, una giganta o algo totalmente distinto; las fuentes que se conservan no dicen nada al respecto. Loki es el padre, por parte de la giganta Angrboda (Angrboða, "Angustia-Conservación"), de Hel, la diosa del inframundo; Jormungand, la gran serpiente que mata a Thor durante el Ragnarok; y Fenrir, el lobo que arranca una de las manos de Tyr y que mata a Odín durante el Ragnarok - una cría poco reputada, por decir algo. Como veremos más adelante, Loki demuestra una completa falta de preocupación por el bienestar de sus compañeros dioses, un rasgo que podría discernirse, en un vago esbozo, simplemente considerando esta descendencia suya.

Con su propia esposa Sigyn ("Amiga de la Victoria"), también tiene un hijo llamado Nari o Narfi, cuyo nombre podría significar "Cadáver".

Loki a menudo se enfrenta no sólo a las expectativas de la sociedad, sino también a lo que podríamos llamar "las leyes de la naturaleza". Además de la progenie mencionada, Loki es también la madre -sí, la madre- de Sleipnir, el caballo chamán de Odín, al que Loki dio a luz tras transformarse en yegua y cortejar al semental Svadilfari, como se relata en el cuento La fortificación de Asgard.

En los cuentos, Loki es representado como un cobarde intrigante que sólo se preocupa por los placeres superficiales y la autoconservación. Por momentos es juguetón, malicioso y servicial, pero siempre es irreverente y nihilista.

Por ejemplo, en el cuento "El secuestro de Idun", Loki, por su imprudencia, acaba en manos de un gigante furioso, Thiazi, que amenaza con matar a Loki si no le trae a la diosa Idun. Loki accede para salvar su vida, y entonces se encuentra en la incómoda situación de que los dioses le amenacen de muerte si no rescata a Idun.

Accede a esta petición por el mismo motivo, cambiando su forma a la de un halcón y llevando a la diosa de vuelta a Asgard en sus garras.

Thiazi le persigue desesperadamente en forma de águila, pero, habiendo casi alcanzado a Loki cuando se acerca a su destino, los dioses encienden un fuego alrededor del perímetro de su fortaleza. Las llamas atrapan a Thiazi y lo queman hasta la muerte, mientras que Idun y Loki llegan a salvo a los salones de los dioses. Al final, Loki acude en ayuda de los dioses, pero sólo para rectificar una calamidad de la que él mismo es responsable. Este tema se repite en numerosos cuentos, como en "La creación del martillo de Thor".

Tras la muerte de Thiazi, la hija del gigante, Skadi, llega a Asgard exigiendo una compensación por el asesinato de su padre. Una de sus exigencias es que los dioses la hagan reír, algo que sólo Loki es capaz de hacer. Para conseguirlo, ata un extremo de una cuerda a la barba de una cabra y el otro a sus testículos. Tanto él como la cabra graznan y chillan mientras uno tira hacia un lado y el otro hacia el otro. Al final se cae en el regazo de Skadi, y la giganta no puede evitar reírse de tan absurdo espectáculo. Aquí, Loki vuelve a acudir en ayuda de los dioses, pero simplemente siendo tonto y extravagante, no realizando ninguna hazaña que un escandinavo de la Edad Vikinga hubiera considerado especialmente honorable.

. . .

Loki ayuda alternativamente a los dioses y a los gigantes, dependiendo del curso de acción que le resulte más placentero y ventajoso en ese momento. Durante el Ragnarok, cuando los dioses y los gigantes se enfrentan en su lucha final y el cosmos es destruido, Loki se une a la batalla en el lado de los gigantes. Según un poema nórdico antiguo, incluso capitanea el barco Naglfar, "barco de los clavos", que lleva a muchos de los gigantes a su batalla con los dioses.

Cuando se libra la batalla por el mundo, él y el dios Heimdall se hieren mortalmente.

Loki es quizás más conocido por su malévolo papel en La muerte de Baldur. Después de que se profetice la muerte del amado dios Baldur, la madre de éste, Frigg, se asegura una promesa de todo ser viviente de no dañar a su hijo.

Bueno, casi todo - no se obtiene tal juramento del muérdago, que los dioses consideran una cosa demasiado pequeña y segura para dañar a Baldur. Al descubrir esta omisión, Loki talla una lanza de muérdago, la pone en manos del dios ciego Hod y le ordena que la lance contra Baldur.

. . .

El dios Hermod cabalga con Sleipnir hacia el inframundo e implora a Hel que libere a Baldur, señalando lo querido que es por todos los seres vivos. Hel replica que si esto es así, entonces no debería ser difícil obligar a todos los seres del mundo a llorar por Baldur, y, si esto ocurriera, el dios muerto sería liberado de la tumba. Todos los seres vivos lloran, en efecto, por el regreso de Baldur, con una única excepción: una giganta de corazón helado llamada Tokk (Þökk, "Gracias"), que casi seguro es Loki disfrazado. Así que Baldur debe permanecer con Hel.

Por sus muchos crímenes contra ellos, los dioses acaban forjando una cadena con las entrañas del hijo de Loki, Narfi, y lo atan a tres rocas dentro de una cueva. Una serpiente venenosa se sienta encima de él, goteando veneno sobre él. Sigyn, la esposa de Loki, aparentemente muy fiel y cariñosa, se sienta a su lado con un cuenco para recoger el veneno. Pero cuando el cuenco se llena, por supuesto, tiene que dejar a su marido para verterlo.

Cuando esto ocurre, las gotas de veneno que caen sobre él hacen que se retuerza en agonía, y estas convulsiones crean terremotos. Y en este estado permanece hasta liberarse en el Ragnarok.

. . .

El historiador medieval danés Saxo Grammaticus nos ofrece una variante fascinante de la historia de Loki atado. En su "Historia de los daneses", Thor, en uno de sus muchos viajes a Jotunheim, la patria de los gigantes, encuentra a un gigante llamado Útgarðaloki ("Loki del Utgard"). Útgarðaloki está atado exactamente de la misma manera que lo está Loki en el cuento mencionado anteriormente, que proviene de fuentes islandesas. Parece que incluso los propios escandinavos paganos tenían opiniones encontradas sobre si Loki era un dios, un gigante o algo totalmente distinto.

Durante los siglos en que la mitología nórdica ha sido objeto de estudio, los eruditos han sido incapaces de explicar el significado del nombre de Loki de forma convincente. La mayoría se ha limitado a levantar las manos y declarar que el significado de su nombre es desconocido y probablemente incognoscible. Sin embargo, recientemente, el filólogo Eldar Heide podría haber resuelto este rompecabezas. En su investigación sobre el folclore nórdico de períodos más recientes que la época vikinga, Heide observó que Loki aparece a menudo en contextos que lo asemejan a un nudo en un hilo. De hecho, en el uso islandés posterior, el sustantivo común loki incluso significa "nudo" o "maraña".

. . .

A veces se hace referencia a las arañas como loki en un sentido metafórico, ya que sus telas se comparan con las redes para peces (que están hechas de una serie de nudos y bucles) que Loki fabrica en ciertos mitos de la Edad Vikinga que han sobrevivido. Por todo ello, el significado más directo del nombre de Loki parece ser "Nudo" o "Enredo".

Este significado propuesto para el nombre de Loki resuena poderosamente con su papel en la mitología nórdica de dos maneras. En primer lugar, apunta a su papel como fabricante de redes, tanto de redes para peces literales como de "redes" metafóricas en forma de sus astutos planes que atrapan a los dioses en situaciones peligrosas. En segundo lugar, podría indicar que es el "nudo" en el hilo, por lo demás recto, de los dioses y su mundo, el defecto fatal que finalmente provoca su desaparición.

Aunque Loki es, en cierto sentido, un dios, no se conservan rastros de ningún tipo de culto a Loki en los registros históricos. ¿No es de extrañar, dado que su personaje es prácticamente la antítesis de los valores nórdicos tradicionales de honor, lealtad y similares, y que en última instancia es un traidor a las divinidades que los nórdicos veneraban?

. . .

Teología Odinista: Los odinistas se definen a sí mismos como partidarios de la vida, eligiendo el culto a través de la fiesta y la "alegría". No ven esta vida como una preparación para algo mejor en otra vida, por lo que no les interesa el ayuno ni los actos de penitencia.

El punto de vista odinista es que la vida es un medio en sí mismo: positivo, bueno, sagrado y para disfrutar. La filosofía valora todo lo que enriquece y promueve la vida.

Aunque esta actitud pueda parecer materialista, los odinistas también reconocen y honran la esencia espiritual del hombre y la chispa divina o alma que nos permite entrar en los salones de los dioses y reunirnos con nuestros antepasados.

A pesar de disfrutar de la vida, los odinistas, al igual que otros neopaganos, reconocen y buscan el equilibrio entre los reinos material y espiritual.

El odinismo es una religión de la naturaleza con un fuerte énfasis en la identificación con las cualidades de los elementos.

. . .

Su deidad principal, Odín, es el dios del viento y del aire. Frigg se asocia con la tierra y el suelo, Thor con el rayo y el trueno, y Niord con el mar y las olas.

La filosofía odinista también es animista y sostiene que todos los seres, incluidos los ríos, las rocas y las montañas, poseen una esencia espiritual.

En lugar de dividir la creación en "cielo" y "tierra", los odinistas reconocen múltiples reinos o dimensiones de la realidad que se superponen y entrelazan.

Los mitos hablan específicamente de "Nueve Mundos" en los que se desarrollan conflictos cósmicos entre fuerzas de la naturaleza opuestas.

Según el sitio web de la Hermandad Odinista, este conflicto puede resumirse como "las fuerzas de la Naturaleza, el orden, la vida y la creatividad contra las fuerzas opuestas de la disolución, el desorden, la desintegración y la destrucción".

. . .

Cada hombre y mujer elige un bando y juega su parte en el conflicto, encontrando así el sentido de su vida.

Ética Odinista: A los odinistas se les enseña a cultivar las cualidades de valentía y generosidad. Aunque cada rama de la fe puede expresar estos conceptos en términos ligeramente diferentes, la naturaleza ética general de la creencia es clara. Se trata de una fe fuertemente basada en conceptos de honor personal y valor.

El Rito Odínico incluye Nueve Cargos: valor, verdad, honor, fidelidad, disciplina, hospitalidad, autosuficiencia, laboriosidad, perseverancia.

La Hermandad de Odín enseña "la fuerza sobre la debilidad, el orgullo sobre la humildad y el conocimiento sobre la fe".

Al cultivar prácticas reflexivas, vivir una vida de coraje y honor, y fomentar la luz y la belleza, los miembros veneran a los dioses.

. . .

Ritos Odinistas: Los nuevos miembros que han alcanzado la mayoría de edad hacen una declaración formal y pública de sus creencias mediante el Juramento de la Fe.

El aspirante agarra el anillo de juramento mientras hace su declaración.

(Los juramentos de todo tipo se consideran sagrados en el Odinismo).

Al suscribir el "sacerdocio de todos los creyentes", cualquier miembro adulto que haya hecho la Promesa de Fe puede desempeñar funciones sacerdotales y dirigir una congregación o grupo. Sin embargo, no hay ningún requisito para hacerlo.

Los odinistas no tienen una "Biblia", pero los adeptos honran los Eddas como fuentes primarias de información.

Hay dos Eddas, la Edda Mayor y la Edda Menor, escritas en algún momento del siglo XIII. Los libros son colecciones de poesía y mitología.

. . .

La única forma de "sacrificio" que practican los odinistas es un ritual llamado Sumbel en el que se pasa un cuerno de hidromiel o cerveza entre los participantes reunidos en una mesa.

Una parte del hidromiel se ofrece a los dioses y, a continuación, cada persona que bebe hace una petición personal o promete algún tipo de juramento vinculante.

Dado que beber hidromiel es el principal rito de celebración del Odinismo, se ha admitido abiertamente que en algunos grupos el alcoholismo es un problema. Esto no es fomentado por la fe, que, como otras filosofías neopaganas, enseña los principios de equilibrio y moderación.

Los grupos odinistas organizan celebraciones al aire libre con comida y bebida para honrar a los dioses, llamadas "blots". Hay seis días de fiesta principales, que incluyen los solsticios y Yule, la Pascua, el Día de San Juan y la Fiesta de la Cosecha.

Otros dos días festivos son el Día de Sigurd, el 23 de abril, y el de Einheriar (el día de Heroe), el 11 de noviembre.

. . .

El primero conmemora a Sigurd, el matador de dragones, y el segundo honra a los muertos.

Todos los días de fiesta implican el consumo ritual de hidromiel o cerveza. Otras ceremonias odinistas incluyen el nombramiento, que es similar al bautismo en la fe cristiana, cuando se vierte agua sobre la cabeza de los recién nacidos. Las bodas o Handfastings unen a las parejas e incluyen el intercambio convencional de dedos. Tanto la novia como el novio son bendecidos con la imposición del Martillo de Thor.

Los ritos funerarios pueden incluir o no la cremación al modo tradicional vikingo.

5

En proceso de desarrollar una relación con la Deidad

AL MENOS en el contexto de la tradición europea occidental, las creencias paganas no sólo adoran a un panteón de dioses, sino que también veneran los principios masculinos y femeninos.

En la Wicca, por ejemplo, adoramos a la Diosa y al Dios, o, como se les suele llamar, a la Dama y al Señor, pero no tenemos ningún problema con los buscadores que desarrollan relaciones con otras deidades.

Todas las diosas son parte de la Señora, así como todos los dioses son parte del Señor. Independientemente de los nombres elegidos para cualquier aspecto de lo divino, la deidad en sí misma es universal.

Por estas razones, no es raro oír referirse a los antiguos dioses como Los Sin Nombre.

Sus voces llegan a nosotros de diferentes maneras y con distinta intensidad. Cada practicante escucha a los dioses y diosas que le corresponden. Al dirigirse a ellos en respuesta y cultivar una relación con ellos, está encontrando su conexión con la fuente universal.

La insistencia en la superioridad y ascendencia del principio masculino únicamente es un aspecto desequilibrado y misógino del cristianismo que hace que la religión sea demasiado dura y patriarcal para los estudiantes de paganismo.

Necesitamos la luz fuerte y masculina del sol durante el día, pero los rayos suaves y femeninos de la luna lo equilibran por la noche.

El equilibrio y la voz interior: El énfasis en el equilibrio en los panteones paganos nos permite atemperar la atracción de fuerzas opuestas en nuestros propios viajes.

. . .

Recuerda que todo lo que se lleva en exceso se considera negativo.

Imagina que hay una mujer en la televisión hablando de su último libro de cocina. La autora, que era una figura pública, era conocida desde hacía tiempo por sus luchas contra el peso.

El presentador del programa comentó que la autora tenía muy buen aspecto "estos días", que era un eufemismo educado para decir "delgada". La mujer sonrió y dijo: "Finalmente aprendí que la mejor manera de comer es tomar todas las cosas con moderación, incluso la moderación".

Ese era el principio del equilibrio en su relación con la comida. Cuando dejó de seguir dietas extremas que la hacían infeliz y emocionalmente inestable, su cuerpo respondió de la misma manera y se deshizo de los kilos de más.

Toda la vida está llena de este tipo de luchas y, de hecho, la propia lucha es parte del problema.

. . .

La espiritualidad que permite al practicante liberarse de los estereotipos dogmáticos asociados a los roles masculinos y femeninos libera al individuo para explorar todos los aspectos de su relación no sólo con la naturaleza, sino consigo mismo.

La exploración debe ser un viaje de curiosidad sin esfuerzo, no un esfuerzo lleno de lucha y conflicto. Ignorar y, por tanto, deshonrar cualquier tipo de energía no sólo es desequilibrado, sino antinatural. La literatura de autoayuda está repleta de textos que hablan de "la voz interior crítica".

Esa es la voz que nos dice que no somos dignos, que no somos queridos, que no tenemos éxito, que no somos redimibles, y toda una serie de otros "no". Si esa es la única voz a la que permitimos hablar, entonces vivimos vidas que siguen el lado oscuro de la negatividad.

El individuo como auto sacerdote: El paganismo nos enseña que podemos hablar con los dioses porque son parte de nosotros. Cuando Martín Lutero se separó de la Iglesia Católica y desencadenó la Reforma Protestante, en realidad se hizo eco de esta antigua conciencia.

. . .

Lutero insistió en que los cristianos podían leer la Biblia por sí mismos y podían interceder con el Dios cristiano y desarrollar una relación con Él sin la figura intermediaria de un sacerdote.

Lutero estaba siendo bastante pagano en su pensamiento, se diera cuenta o no. Tú siempre serás tu mejor intercesor - tu propio sacerdote o sacerdotisa. No hay ninguna barrera entre tú y los dioses, así que no hay que acobardarse o suplicar por misericordia o favor.

Nuestra relación con los dioses debe ser una relación de asociación y reciprocidad basada en el respeto mutuo por el universo que compartimos.

Cuando hablamos con los dioses, les pedimos que nos den claridad mental para tomar decisiones correctas y actuar correctamente en nuestra vida diaria. El énfasis pagano en la responsabilidad personal se basa en la capacidad del individuo para leer una situación y seguir el camino más beneficioso y ético para sí mismo, para la comunidad y para el mundo.

. . .

El paganismo es un camino fuertemente introspectivo. Hablamos con los dioses porque son nuestros consejeros y maestros, ayudándonos a ordenar la complejidad de la existencia humana y a encontrar nuestro lugar apropiado y equilibrado en el mundo.

Ver a los dioses: no hay mandatos sobre cómo ver a los dioses. Para algunas personas, ver a las deidades como personalidades reales es útil para cultivar una relación con ellas.

Otros se sienten más cómodos viendo a las deidades como metáforas de principios universales, como los arquetipos desarrollados por el psicólogo Carl Jung. Está perfectamente bien ser juguetón y aceptar mientras elaboras tu comprensión individual.

Hace muchos años estaba sentado con un amigo que estaba rellenando una especie de formulario. Había una casilla en la que se preguntaba por la religión, y ella escribió: "Druida ortodoxa". Le pregunté si le importaría explicarme eso y con una sonrisa me dijo: "Los druidas ortodoxos rezan exclusivamente a los robles. Los druidas reformistas se arrodillan ante cualquier arbusto que pasen".

Los dos nos reímos mucho, y sospecho que las deidades se rieron con nosotros. La vida no está destinada a ser un asunto tan sombrío. No es mi intención seguir echando la culpa de los depresivos a los pies del cristianismo, pero gran parte de la teología de los últimos cientos de años de esa iglesia se basa en la noción de que debes sufrir con gracia en esta vida para conseguir algo mejor en otra.

Ciertamente, el concepto de karma sugiere que lo que haces en esta vida determina lo que tienes que resolver en la siguiente, pero los paganos francamente encuentran toda la idea cristiana de la predestinación y el pecado original más que un poco dura.

En un grupo de estudio religioso al que asistí una vez, una joven levantó las manos en señal de frustración por otra ronda de "golpes" en el Antiguo Testamento y declaró: "¡Es como si cada día fuera un mal día para Dios en este libro!"

Personalmente, creo que la Diosa y Dios tienen sentido del humor. Compartimos muchas risas sobre mis debilidades personales mientras recorro mi camino en la vida.

. . .

Para mí, mi relación con la deidad tiene que incluir la risa como contrapartida necesaria a todas las cosas que pretenden perturbar el equilibrio de mi vida. A menudo me encuentro pensando que más risas benefician al mundo entero, y con ello, al universo entero.

¿Y la idea del mal?: Ya se ha subrayado varias veces que los paganos no reconocen el concepto cristiano de Satanás, ni lo adoran. También se ha mencionado la idea de que los paganos no conciben el mundo como una lucha entre el bien supremo y su contraparte en el mal.

Lo que sí reconocen los paganos es que el universo está compuesto de opuestos. Cualquier espíritu puede contener cualidades buenas y malas, y lo mismo ocurre con los dioses. Basta con dedicar un poco de tiempo a leer la mitología griega y romana para encontrar un panteón en el que los dioses y las diosas se meten en problemas todo el tiempo.

Nuestra capacidad para elevarnos por encima de aquellas cosas que son "malas" en nosotros es lo que nos impide caer en un camino más oscuro. Los credos paganos enfatizan las mejores cualidades de las deidades, pero no pasan por alto las veces que los dioses se equivocan.

Entender la divinidad de esta manera hace que los dioses y diosas sean mucho más accesibles.

Cuando invocas a un dios o a una diosa para que te ayude en un momento de ira y dolor -que te tienta a realizar acciones que no son éticas, amables o buenas-, la deidad comprende tu dolor y tu tentación. Como los sabios consejeros que son, los dioses nos ayudan a superar esos momentos y a encontrar de nuevo nuestro verdadero equilibrio.

Los muchos panteones: Hay muchas agrupaciones o panteones de dioses y diosas de diversas tradiciones. Es posible que estés más familiarizado con los de los griegos y los romanos, ya que a menudo se enseñan a los estudiantes de secundaria como parte de las lecciones sobre el mundo clásico.

El panteón griego incluye:

- Afrodita, la diosa del amor, la belleza y la sexualidad.
- Apolo, el apuesto dios de las artes y de la curación.
- Artemisa, la diosa de la caza y de la luna.

- Atenea, la seria y bella diosa de la sabiduría.
- Deméter, la anciana que es diosa de la cosecha.
- Dionisio, el dios que encarna la fuerza de la vida y del vino.
- Eros, el dios de la atracción sexual.
- Gea, la naturaleza y la madre tierra benévola.
- Hades, el dios de la riqueza y del inframundo.
- Hécate, la diosa de la luna y de la magia.
- Hera, la reina de los dioses y consorte de Zeus.
- Hermes, el dios de los viajes, el pensamiento y la comunicación.
- Pan, el dios de los lugares salvajes y de los pastores.
- Perséfone, la diosa de la fertilidad, la primavera y la cosecha.
- Poseidón, el dios de los mares y del agua.
- Zeus, el rey de los dioses y gobernante de los cielos.

El panteón romano incluye:

- Ceres, la diosa de la cosecha.
- Diana, la diosa de la fertilidad y de la caza.
- Fortuna, la diosa del destino y la fortuna.
- Jano, el dios de las puertas y los comienzos.
- Juno, la diosa de la luna y de las mujeres.

- Júpiter, el rey de los dioses y gobernante del cielo.
- Luna, la diosa de la luna.
- Marte, el dios de la agricultura y la guerra.
- Mercurio, el dios del pensamiento, la comunicación y los viajes.
- Neptuno, dios de los mares y del agua.
- Plutón, dios de la riqueza y del inframundo.
- Venus, la diosa de la belleza, el amor y la sexualidad.

Los miembros de cualquier panteón simbolizan los elementos completos de la estructura de creencias dada. La interacción de los dioses y diosas y las leyendas y creencias asociadas a ellos enseñan valiosas lecciones y ofrecen ejemplos de conducta correcta e incorrecta.

Recuerda que los dioses y diosas no siempre son virtuosos o correctos. A veces las deidades tienen tanto o más que enseñarnos de los errores que han cometido que de sus fortalezas y logros.

Los paganos aprenden no sólo estudiando los actos de los dioses, sino también desarrollando relaciones personales con ellos.

. . .

El movimiento neopagano de los últimos 300 años ha mostrado una particular afinidad por dos panteones, los dioses celtas y las deidades nórdicas.

Una breve lista de los muchos dioses y diosas celtas incluye:

- Alator, el dios celta asociado a la guerra Belenus, el dios de la curación.
- Bres, el dios de la fertilidad.
- Brigantia, la diosa del río y de los cultos al agua.
- Brigit, la diosa del fuego, la fertilidad, la curación y la poesía Ceridwen, la guardiana del caldero de la sabiduría.
- Epona, la diosa de los caballos que acompaña a las almas en su último viaje.
- Latobius, el dios de las montañas y el cielo Lugh, el dios de los artesanos.
- Maponus, el dios de la música y la poesía.
- Morrigan, la diosa de la guerra Nehalennia, la diosa de los marineros.
- Nemausicaw, la diosa madre de la curación y la fertilidad.

El panteón nórdico también es extenso. Los principales dioses y diosas son, entre otros, los siguientes:

- Baldur, Dios de la belleza, la inocencia, la paz y el renacimiento.
- Borr, padre de Óðinn, Vili y Ve.
- Bragi, Dios de la poesía, la música y el arpa.
- Búri, El primer dios.
- Dagur, Dios del día.
- Delling, Dios del amanecer.
- Eir, Diosa de la curación.
- Ēostre, Diosa de la primavera.
- Elli, Diosa de la vejez.
- Forseti, Dios de la justicia, la paz y la verdad.
- Freyja, Diosa del amor, la fertilidad y la batalla.
- Freyr, Dios de la fertilidad.
- Frigg, Diosa del matrimonio y la maternidad.
- Gefjun, Diosa de la fertilidad y el arado.
- Hel, Reina de Helheim, el inframundo nórdico.
- Hermóður, El hijo heroico de Odín.
- Hlín, Diosa del consuelo y la protección.
- Höðr, Dios del invierno.
- Hœnir, El dios silencioso.
- Iðunn, Diosa de la juventud.
- Jörð, Diosa de la Tierra.
- Kvasir, Dios de la inspiración.

- Lofn, Diosa de los amores prohibidos.
- Loki, Tramposo y dios de las travesuras.
- Magni, Dios de la fuerza.
- Máni, Dios de la Luna.
- Nanna, Diosa de la alegría y la paz.
- Njörður, Dios del mar, el viento, los peces y la riqueza.
- Nótt, Diosa de la noche.
- Óðinn, Dios de la guerra "Todo Padre", asociado a la sabiduría, la poesía y la magia.
- Rán, Diosa del mar.
- Sif, Esposa de Thor. Diosa de la cosecha.
- Sjöfn, Diosa del amor.
- Skaði, Diosa del invierno.
- Snotra, Diosa de la prudencia.
- Sol (Sunna), Diosa del Sol.
- Thor, Dios del trueno y la batalla.
- Týr, Dios de la guerra.
- Ullr, Dios del invierno, las cacerías y los duelos.
- Váli, Dios de la venganza.
- Vár, Diosa de los contratos.
- Víðarr, Dios del bosque, la venganza y el silencio.
- Vör, Diosa de la sabiduría.

No pienses que porque hayas elegido seguir un camino pagano estás limitado a desarrollar relaciones con los panteones europeos o clásicos.

Conozco a wiccanos practicantes que también veneran a miembros del panteón hindú después de llegar a una conciencia espiritual de la influencia de estas deidades a través de la práctica del yoga y de diversas técnicas de meditación.

Mantente siempre abierto a las voces de los dioses. Presta atención a cómo pueden hablarte. El dicho de que no hay coincidencias es bastante cierto.

Puede que estés sentado en un avión y que, casualmente, te fijes en el título del libro que está leyendo tu compañero de asiento. Por alguna razón, el título simplemente no saldrá de tus pensamientos.

Así es como las señales llegan a nosotros. En silencio. Ve a una librería, busca un ejemplar del volumen y lee algunas páginas. Tal vez descubras que allí hay material que necesitas para ayudarte en la siguiente etapa de tu viaje.

6

Símbolos paganos

El estudio del simbolismo es una búsqueda fascinante y puede ayudarte a encontrar elementos espirituales que de otra manera no descubrirías. Si te sientes fuertemente atraído por un símbolo inscrito en un amuleto o una pieza de joyería, investiga por qué la imagen te llega.

Mucho antes de convertirme en pagana, me sentía profundamente atraída por la imaginería celta, especialmente la relacionada con la mitología escocesa. Ahora, después de haber hecho un trabajo de vidas pasadas y de haber pasado tiempo en las tierras altas de Escocia, entiendo que en una vida pasada, esas montañas fueron mi hogar.

· · ·

Los símbolos celtas, con sus elegantes nudos y sus intrincados significados, siguen hablándome de forma más elocuente que cualquier otro símbolo pagano y tengo muchos ejemplos de amuletos celtas en mi casa.

La joyería simbólica permite a los paganos infundir su vida diaria con una magia sutil. Para el observador casual, el anillo en su mano puede ser nada más que una atractiva pieza de joyería. Para ti, simboliza un poderoso puente entre el mundo material y el espiritual.

Los siguientes símbolos son algunos de los más comunes en la espiritualidad pagana, pero apenas arañan la superficie de la riqueza de los emblemas empleados por las distintas creencias. En este sentido, Internet es un recurso maravilloso para el pagano principiante. Busca frases como "amuletos paganos" o "amuletos celtas". Encontrará no sólo hermosos artículos para comprar, sino también útiles explicaciones de los símbolos.

Pentáculo: La estrella de cinco puntas o pentáculo es uno de los símbolos paganos más reconocidos. Este emblema no tiene nada que ver con el culto satánico y no es un símbolo del diablo.

. . .

Las cuatro puntas de la estrella representan los elementos tradicionales de tierra, agua, aire y fuego, y la quinta honra al espíritu.

El círculo que conecta las puntas denota la relación recíproca de los elementos tal y como se encarnan en la naturaleza.

Los pentáculos se utilizan en el trabajo mágico y se colocan en los altares en varias tradiciones. Como el emblema es de protección, los pentáculos también son populares como amuletos y otras piezas de joyería.

Triquatra: Tanto los cristianos como los paganos utilizan la triquatra o "nudo de la trinidad". El símbolo data del siglo VII d.C. y en el neopaganismo es propio de La Morrígan, una diosa triple asociada a la guerra.

En algunas tradiciones, sobre todo en los tiempos modernos, el triquatra es un símbolo de la íntima conexión entre mente, cuerpo y alma. Es popular entre muchos grupos paganos celtas, que la utilizan como emblema de la tierra, el mar y el cielo.

. . .

El triquatra es uno de los nudos celtas más sencillos, lo que puede explicar su popularidad. Las líneas elegantes y el equilibrio del símbolo son atractivos y su naturaleza triple se presta a múltiples interpretaciones.

Cáliz: La copa o cáliz es tanto un símbolo como una herramienta en el ritual pagano. Representa el agua y los aspectos femeninos de la intuición, la capacidad psíquica, las emociones y el subconsciente. La copa también representa la fertilidad y la gestación y es un emblema del vientre de la Diosa.

Al igual que otros símbolos paganos, el cáliz también tiene fuertes asociaciones cristianas, especialmente las relacionadas con el Santo Grial, la copa utilizada en la Última Cena, que recogió la sangre de Jesús derramada desde la cruz.

Curiosamente, se cree que el mito del Grial fue adaptado de antiguas colas celtas de doncellas que custodiaban pozos sagrados.

. . .

Triskele: El triskele, que puede encontrarse tallado en piedras neolíticas de Irlanda y Europa occidental, es un emblema de los reinos de la tierra, el mar y el cielo.

Aunque sus orígenes son anteriores a los pueblos celtas, el triskele es popular entre los neopaganos celtas y algunos grupos germánicos. Al igual que el triquatra, este símbolo sirve para representar cualquier concepto triple.

El símbolo es tan común que aparece en lugares tan incongruentes como el sello del Departamento de Transporte de Estados Unidos y (en forma de redondel) en el emblema del Cuerpo Aéreo Irlandés. Muchas iglesias cristianas incorporan el triskele en tallas y vidrieras.

Los cuatro elementos: Cada uno de los cuatro elementos clásicos (tierra, agua, aire y fuego) tiene un símbolo representativo utilizado en los rituales y adornos paganos.

El símbolo del aire, por ejemplo, es un emblema de la conexión entre el aliento de vida y el alma. Los triángulos son sencillos de trabajar en diseños de joyería y a menudo se utilizan junto con otros símbolos como dispositivos de delimitación.

. . .

La triple luna: El símbolo de la triple luna representa las tres fases de la luna (creciente, llena y menguante). A veces se denomina símbolo de la triple diosa, ya que refleja las tres fases de la vida de una mujer (doncella, madre, vieja).

La luna creciente representa la vida nueva, los nuevos comienzos y el rejuvenecimiento. La luna llena es la manifestación de la magia en su punto más poderoso. La luna menguante representa el envío o la eliminación de cosas en tu vida o la necesidad de terminar algo que quedó incompleto.

Cuidado de tus símbolos paganos: Cuando llevas símbolos de tu fe pagana en tu cuerpo, las joyas absorben las energías que se mueven a través de tu sistema.

En un sentido de "sintonía" esto es algo bueno. Sin embargo, hay momentos en los que tu propia energía necesita ser "recargada". Una vez logrado esto, no querrás exponerte a cualquier negatividad almacenada en tus objetos simbólicos.

. . .

A mí me gusta coger mis amuletos y limpiarlos energéticamente al menos una vez al mes, especialmente si es durante un periodo en el que he estado lidiando con numerosos problemas y desafíos en mi vida.

Si el símbolo está fuertemente asociado a la energía femenina, coloco los objetos a la luz de la luna llena. Si su energía es más masculina, se colocan en un charco cálido y energizante de luz solar.

Con las joyas nuevas, es mejor limpiar primero las piezas bajo el agua corriente antes de usarlas. Esto elimina cualquier energía negativa que haya entrado en los artículos a través del contenido casual.

Mientras las joyas están sumergidas en el agua, ofrece una oración de limpieza. Después de un minuto más o menos, saca las piezas y sécalas suavemente.

Para cargar la joya y hacerla tuya, llévala contra tu piel durante 7-9 días. De este modo, la pieza quedará unida a ti. Evita que otra persona toque o manipule la pieza.

· · ·

Si no puedes evitarlo, limpie inmediatamente la pieza a la luz de la luna o del sol.

Personalmente, también me atraen las joyas antiguas. A menudo encuentro que estas piezas me "hablan" de manera poderosa. Si adquieres alguna joya, especialmente una con significado simbólico que haya sido usada por otra persona, tómate el tiempo necesario para limpiarla y recargarla.

Esto no disminuirá tu conexión psíquica con la pieza, pero te protegerá de cualquier energía almacenada y latente que pueda afectar de forma negativa.

7

Terminología Pagana

DE NUEVO, hay diccionarios enteros escritos para explicar los términos específicos utilizados en la espiritualidad pagana. La siguiente muestra debería ser de utilidad cuando comience a explorar textos más detallados que expliquen la creencia pagana.

Adepto: Persona muerta en la práctica de la magia o el misticismo.

Aire: Uno de los elementos clásicos del paganismo occidental.

. . .

Altar: Una superficie plana reservada exclusivamente para el trabajo de la Magia que se utiliza como un foco de poder.

Amuleto: Objeto cargado de Magia para desviar determinadas energías negativas. Un objeto protector.

Animismo: La creencia de que toda la creación está viva, incluso los objetos percibidos como inanimados.

Asperger: Objeto perforado o manojo de hierbas frescas utilizado durante o antes de un Ritual para rociar agua con fines de purificación.

Asociación: La correlación o conexión de dos o más ideas, seres u objetos para crear un patrón.

Plano astral: El plano espiritual o no físico.

Proyección astral: Separar la conciencia y el cuerpo físico para que la conciencia pueda moverse a voluntad.

. . .

Athame: Hoja de doble filo con la mano negra utilizada por los wiccanos como cuchillo ritual para la dirección del Poder Personal. Rara vez, o nunca, se utiliza para hacer un corte físico. El origen del término es oscuro y hay muchas variantes de ortografía.

Balefire: Fuegos encendidos con fines mágicos en un entorno exterior. Tradicionalmente se utilizan en Yule, Beltane y Midsummer.

Bane: Algo que es destructivo, maligno, peligroso o venenoso. Destruye la vida.

Beltane: También conocida como Víspera de Mayo, Roodmas, Noche de Walpurgis o Cethsamhain, esta fiesta wiccana se celebra el 30 de abril o el 1 de mayo, según la tradición. Conmemora la unión simbólica (matrimonio) de la Diosa y el Dios. Una anticipación de los próximos meses de verano.

Escoba: Escoba de bruja, utilizada para purificar los espacios. Suele estar hecha de sauce o abedul. Bendición - Magia utilizada con el fin de beneficiar a una persona, objeto o espacio.

Luna azul: La segunda de dos lunas llenas en un mes del calendario.

Bolline: Cuchillo de mango blanco utilizado por los wiccanos para fines prácticos en la magia, como cortar hierbas.

Libro de las Sombras: El Libro de las Sombras de un wiccano es un libro de trabajo y un depósito para las notas, rituales, hechizos y otros trabajos de un brujo.

También se le llama Grimorio. Tradicionalmente se escribe a mano, pero puede guardarse en cualquier formato.

Burning Times: Una referencia a los períodos de persecución de brujas en la Edad Media o Periodo Medieval y posteriores.

Llamar a los cuartos: El reconocimiento simbólico o verbal de la tierra, el aire, el fuego y el agua (los cuatro elementos) en un entorno ritual.

. . .

Cartomancia: Sistema de adivinación mediante el uso de las cartas del Tarot.

Lanzar un Círculo: La creación de una esfera mágica alrededor de un espacio de trabajo ritual para mejorar el enfoque y aumentar y contener el poder hasta que la energía esté lista para ser liberada.

Lanzamiento de Runas: Un sistema de adivinación que hace uso de pequeñas piedras inscritas con letras rúnicas.

Caldero: Una olla de tres patas, tradicionalmente hecha de hierro fundido, para mantener el fuego o las velas, para quemar incienso o para hacer brebajes. El caldero es representativo del Ser y sirve como punto de transformación.

Centrado: El ejercicio meditativo del centrado está precedido por el enraizamiento y está diseñado para lograr la calma total en el cuerpo para que fluya al máximo la energía y la sensación de ser uno con el Universo.

. . .

Incensario: Recipiente para la quema de incienso que simboliza el elemento aire.

Cáliz: Copa ritual que se utiliza en los rituales como representación de la Diosa. Es un símbolo de potencial.

Carga: El acto de Magia que infunde el Poder Personal en un objeto.

Clan: Grupo de cualquier número de aquelarres que están de acuerdo en seguir un conjunto de reglas bajo un único líder.

Mente Consciente: La mitad racional de la conciencia humana que está basada en lo material y es analítica.

Correspondencia: Un elemento con asociación mágica a las horas, días, fases lunares, planetas, aceites, hierbas, colores, piedras preciosas y similares.

. . .

Coven: Un grupo wiccano que típicamente tiene un proceso iniciático y está bajo el liderazgo de una o dos personas.

Covenstead: Lugar de reunión habitual de un coven o casa.

Craft: Un nombre alternativo para la Wicca y la Brujería.

Luna creciente: El símbolo sagrado de la Diosa que se utiliza en las invocaciones, las curaciones de las mujeres y durante los Sabbats.

Bola de cristal: Las bolas de cristal están hechas en realidad de cuarzo, que es frío al tacto e incluye irregularidades únicas. Es un dispositivo de adivinación.

Cristalomancia: Sistema de adivinación que utiliza esferas de vidrio o cuarzo.

. . .

Maldición: Una maldición se lanza dirigiendo energía negativa a alguien a propósito. Su uso NO está sancionado por la fe wiccana.

Daga: Cuchillo utilizado en el ritual para cortar los vínculos psíquicos, entre otras funciones.

Dedicación: El ritual por el cual un individuo acepta la Wicca (El Arte) como su camino de vida y es entonces considerado como un hijo renacido de la Diosa y Dios.

Deidad: Un ser o esencia poderosa que los paganos perciben como parte de todo el espíritu del universo o que lo infunde.

Deosil: Pronunciado "jess-el", es un movimiento en el sentido de las agujas del reloj que imita la dirección percibida del sol en el cielo. En el hemisferio norte, el movimiento deosil en los rituales simboliza la vida y la energía positiva. Algunos grupos por debajo del ecuador utilizan el movimiento widdershin o en sentido contrario a las agujas del reloj, ya que el sol parece moverse de esa manera desde su punto de vista geográfico.

. . .

Adivinación: Un arte mágico de contacto con la mente psíquica para descubrir lo desconocido.

Esto se logra a través de la manipulación ritualista de herramientas como las cartas del tarot o una bola de cristal, o discerniendo patrones aleatorios en materiales como hojas de té o humo.

Poder Divino: La energía pura, la fuerza vital y la fuente última de todas las cosas que existe dentro de la Diosa y el Dios.

Atraer la Luna: Un ritual para conectar con la Diosa en la Luna Llena atrayendo su espíritu hacia abajo en un individuo, ya sea una Sacerdotisa o un solo practicante.

Druida: La clase guerrera/sacerdotisa de los antiguos pueblos celtas cuyas filosofías y funciones como sanadores, diplomáticos, jueces, historiadores, músicos, poetas e intelectuales han sido revividas en los últimos 300 años en el neopaganismo.

. . .

Tierra: Uno de los elementos clásicos del paganismo occidental.

Poder de la Tierra: El poder divino que se manifiesta en objetos naturales como hierbas, llamas, sones o incluso el viento. Se puede utilizar durante la Magia como medio para crear el cambio necesario.

Elementos: Los cuatro elementos son Tierra, Aire, Fuego y Agua. Estos bloques de construcción del Universo están contenidos individualmente o en combinación (o como potencial) en todo lo que existe. Pueden ser utilizados durante la Magia y están formados por el poder primario conocido como Akasha.

Esbat: Un esbat ocurre cuando un coven o una bruja individual celebra ritualmente la Luna Llena. Estas observaciones son diferentes de los sabbats, que celebran las estaciones del año.

Evocación: La invocación de cualquier entidad no física, incluidos los espíritus, para que asistan de forma visible o invisible.

. . .

Familiares: Las mascotas de las brujas que han sido entrenadas para servir como ayudantes mágicos.

Fuego: Uno de los elementos clásicos del paganismo occidental.

Diosa y Dios: Los términos para las deidades universales masculinas y femeninas que son celebradas por la Wicca como las mitades iguales y polares del Todo.

Gran Rito: El Gran Rito es una forma de magia sexual que puede incluir el coito real o la representación simbólica del acto bajando el athame en el cáliz.

Grimorio: También conocido como Libro de las Sombras, un grimorio es el cuaderno de una bruja. Los grimorios modernos se guardan como un depósito de información ritual y mágica personal, pero muchos grimorios de los siglos XVI y XVII son obras famosas que incluyen no sólo fórmulas para hechizos, sino también catálogos de espíritus.

. . .

Grounding: El grounding es un ejercicio de meditación que permite al practicante atraer o enviar energía a la Tierra.

Handfasting: El término para una boda wiccana.

Imbolc: El festival wiccano que celebra los primeros signos de la primavera. Se celebra el 2 de febrero y también se conoce como Candelaria, Lupercalia, Fiesta del Pan, Fiesta de las Antorchas, Fiesta de la Luz Creciente, Oimelc y Día de Brigit, entre otros.

Iniciación: La introducción o admisión de un individuo en un aquelarre mediante una ocasión ritual o una invocación espontánea.

Infusión: Líquido que se hace remojando hierbas en agua caliente.

Invocación: Método para hacer aparecer al Dios o a la Diosa estableciendo vínculos conscientes con ellos a través de la conciencia de su morada dentro de cada uno de nosotros.

∙ ∙ ∙

Labrys: En la antigua Creta este hacha de dos cabezas era un símbolo de la Diosa.

Todavía se utiliza para este propósito en la Wicca de hoy, y puede ser colocado o apoyado en el lado izquierdo del altar.

Lughnasadh: Celebrada el 1 de agosto, esta fiesta wiccana también se conoce como Víspera de Agosto, Lammas, Fiesta del Pan. Marca la primera cosecha.

Dama: Título de honor alternativo para la Diosa.

Señor: Título de honor alternativo para el Dios.

Mabon: Los wiccanos celebran la segunda cosecha en o alrededor del equinoccio de otoño, que suele ser cerca del 21 de septiembre. Es un reconocimiento a la naturaleza que se prepara para entrar en el invierno.

∙ ∙ ∙

Noche de Walpurgis (Walpurgisnacht): Fiesta tradicional que se celebra el 30 de abril o el 1 de mayo de cada año en gran parte del norte y centro de Europa. Se celebra con hogueras y bailes. La traducción literal del alemán es "Noche de las Brujas".

Varita: Pieza de madera que suele tener un pie de longitud y que se utiliza para invocar a las deidades y canalizar la energía.

Luna menguante: La fase de la luna entre la luna llena y la luna nueva o creciente.

Agua: Uno de los elementos clásicos del paganismo occidental.

Luna Creciente: La fase de la luna que precede a la luna llena.

Rueda del Año: Un ciclo completo del año wiccano compuesto por ocho estaciones, cada una de las cuales se celebra con un Sabbat.

. . .

White-Handled Knife (Cuchillo de mango blanco): Cuchillo utilizado con fines utilitarios por los wiccanos, como cortar hierbas. A menudo se llama bolline.

Wicca: Religión pagana contemporánea con raíces en el chamanismo, que reverencia a la Diosa y al Dios, y enfatiza la observancia ritual y la práctica de la Magia.

Widdershins: Movimiento en sentido contrario a las agujas del reloj utilizado en la Wicca con fines rituales. Lo contrario de Deosil.

Bruja: Practicante de la magia popular precristiana, especialmente la relacionada con las hierbas, la curación, los pozos, los ríos y las piedras.

Yule: El festival wiccano que se celebra alrededor del 21 de diciembre y que marca el renacimiento del Dios Sol de la Diosa Tierra. Tiene lugar en el solsticio de invierno.

Yggdrasil: Derivado de la mitología nórdica, es uno de los símbolos más conocidos del Árbol de la Vida, que ilustra la existencia unida del inframundo y del mundo físico.

8

Rituales sencillos para principiantes

Si optas por seguir una tradición y unirte a un grupo pagano, serás instruido en los ritos asociados a sus actividades regulares. Muchas tradiciones paganas tienen una forma de enseñanza maestro/aprendiz que está especialmente diseñada para este propósito.

Esto no significa, sin embargo, que no quieras incorporar rituales personales en tus propias actividades diarias.

Estas observaciones te llegarán de forma natural a medida que estudies y te pongas en sintonía con las deidades con las que tengas afinidad.

. . .

Sin embargo, las siguientes prácticas sencillas pueden ayudar a los practicantes principiantes a sentirse más protegidos y centrados mientras comienzan a recorrer el camino pagano.

Smudging: El sahumerio es un sencillo ritual común a muchas tradiciones paganas. El propósito del rito es limpiar un área de energía negativa o de energía que se ha estancado. A mucha gente le gusta realizar este tipo de limpieza cuando se muda a una nueva casa, por ejemplo, o estacionalmente como una especie de "limpieza de primavera" espiritual.

La herramienta preferida es un manojo de salvia, pero se pueden utilizar otras hierbas aromáticas como la lavanda o la hierba dulce, e incluso el incienso es aceptable.

Incluso puedes optar por mezclar la lavanda con el manojo de salvia porque la fragancia que deja es muy agradable y energizante.

Comienza encendiendo una vela y dedicando un momento a concentrar tu energía.

. . .

Ofrece una oración a la deidad de tu elección, luego enciende el manojo de salvia y deja que flamee durante unos segundos antes de apagarlo.

El manojo seguirá humeando. Muévete por todo el espacio a limpiar en el sentido de las agujas del reloj agitando suavemente el manojo para dispersar el humo.

Dedica un poco más de tiempo a las esquinas, donde la energía tiende a acumularse y estancarse.

Si te preocupa trabajar con un manojo humeante, coloca la salvia en un cuenco resistente al fuego y dispersa el humo con la mano o con una pluma.

Cuando la zona haya sido completamente emborronada, vuelve al punto en el que empezaste y apaga el manojo de salvia en un cuenco con arena limpia.

Si lo deseas, deja que la vela siga ardiendo como punto focal para que la buena energía entre en el espacio.

. . .

También puedes utilizar el sahumerio para limpiar la energía negativa de tu propio cuerpo o del de otra persona. Comienza por la planta de los pies y dirige el humo limpiador hacia arriba por las piernas, el torso y la parte superior del cuerpo, terminando en la zona de la cabeza.

Magia con velas: La magia con velas es un ritual sencillo para los principiantes, ya que no se requiere nada en términos de equipamiento. Incluso las personas que no siguen un camino pagano utilizan velas en ocasiones ceremoniales, desde bodas elegantes hasta velas en un pastel de cumpleaños.

Las velas ayudan al practicante a concentrarse y a dirigir su voluntad, deseos y preocupaciones.

Selecciona una vela sencilla con una forma limpia y uniforme. No es conveniente una vela que distraiga tu capacidad de concentración.

La vela debe ser nueva y no de segunda mano.

. . .

A medida que te vayas familiarizando con las herramientas mágicas corolarias, como los aceites esenciales, es posible que quieras añadir unas gotas a la llama para concentrar aún más tu voluntad.

Selecciona un color que sugiera el resultado que deseas:

Blanco: Para todo y excelente como herramienta de mediación general.

Negro: Protección contra las represalias de una parte que se siente agraviada. También se utiliza en los rituales de destierro. (Esto no es tan siniestro como parece. Puede que sólo quieras "desterrar" la negatividad que sientes por tu nuevo jefe en el trabajo).

Azul: Un color de paz y armonía que promueve la protección y la curación, la reparación de amistades, la ruptura de malos hábitos, y la limpieza del aire después de discusiones o discordias.

Marrón: Un color que ayuda a la estabilización. Las velas marrones son excelentes cuando se quiere conseguir un mayor equilibrio o buscar la justicia en una situación.

. . .

Dorado / amarillo claro: Este es un color que atrae influencias cósmicas positivas y puede traer buena suerte, incluyendo ganancias financieras.

Verde: El verde es un color que se utiliza a menudo para eliminar obstáculos y revelar tesoros ocultos. Se utiliza para atraer el éxito material y para promover la generosidad y la curación (especialmente en lo que respecta a los problemas "femeninos").

Índigo / magenta: Estas velas de tonos profundos crean altas frecuencias vibratorias y son útiles para conseguir cambios rápidos y definitivos.

Naranja: El naranja es una excelente elección para las personas que necesitan encontrar un nuevo trabajo, que necesitan ánimo o que necesitan comunicarse con alguien a distancia.

Rosa: Este color es bueno para toda la magia asociada con el amor, el romance y la curación de las parejas.

. . .

Diseñar su propio ritual: Recuerda que eres perfectamente libre de diseñar tus propios rituales y, de hecho, se te anima a hacerlo. Cuanto más puedas crear prácticas espirituales que realmente encajen en tu vida diaria, más probable será que realmente vivas y observes tu fe pagana. He aquí algunos consejos para ayudarte a empezar.

Crea un espacio ritual: Personalmente, me atraen los espacios pequeños y minimalistas. He convertido un rincón de mi dormitorio en un espacio ritual, colocando una mesa sencilla que sirve de altar. Rara vez utilizo herramientas más allá de las velas y mis cristales favoritos.

Me atrae especialmente el ónix negro, al que se suele llamar la "Piedra del Autodominio". El ónix es una piedra curativa, de conexión a tierra y protectora. Es tan útil para bloquear las influencias negativas que incluso llevó un anillo de plata engastado con una simple pieza de ónix.

Tengo un trozo de ónix más grande en mi altar, colocado de forma que refleje la llama parpadeante de mi vela cuando está encendida. El efecto es hipnótico y especialmente bueno para el trabajo de meditación.

El Ojo de Tigre también es un favorito. Esta "piedra de la mente" también es centrada, enraizada y protectora, pero también estimula la creatividad y promueve el equilibrio. Yo tengo el Ojo de Tigre en mi altar porque mejora la claridad de pensamiento y aumenta la perspicacia.

Escribe tu ritual.: Explora tu motivación para llevar a cabo el ritual y dedica algún tiempo a escribir todas las palabras que quieres utilizar y el orden en el que quieres completar los pasos.

Por ejemplo, puedes escribir
1. Centra tu energía.
2. Enciende una vela del color adecuado a tu intención.
3. Purifica el espacio con salvia.
4. Invoca la presencia de un dios o diosa.
5. Eleva tu poder a través de la meditación.
6. Expone tu intención / petición.
7. Agradece a la deidad su presencia.
8. Dedica unos minutos a la contemplación silenciosa.
9. Apaga la vela.

Una vez que hayas elaborado los pasos de tu ritual, puedes optar por realizar el trabajo dentro de la seguridad de un círculo mágico.

. . .

Cómo se hace un círculo: Un círculo se crea con el propósito de contener las energías no dirigidas, concentrar tu energía y protegerte de las energías fuera de tu espacio de trabajo. Piensa en el círculo como una burbuja o esfera protectora que te rodea por todos lados.

No intentes lanzar un círculo cuando estés agotado, desconcentrado, mal preparado o enfadado. Llena siempre el círculo con energía positiva. Para crear un círculo:

Limpia tu espacio de trabajo de toda negatividad. Los wiccanos utilizan una escoba, pero la limpieza también funciona.

Consagra el espacio encendiendo una vela y rezando o dando tres vueltas a la zona en el sentido de las agujas del reloj, llevando primero un cuenco de agua pura, luego un cuenco de sal y, por último, una barra de incienso.

A continuación, utilizando un dispositivo ritual como una varita o un bastón, traza el borde del círculo mientras caminas en el sentido de las agujas del reloj y visualizas que el poder se eleva para cubrirte y rodearte.

. . .

Desmontar el círculo: Una vez finalizado el ritual, cierra el círculo dando las gracias a las deidades a las que has pedido que estén presentes y, a continuación, dirigiéndote a los cuatro puntos de la brújula y dándoles las gracias.

Utilizando el mismo instrumento que se empleó para dibujar el círculo, "deshazlo" moviéndote en sentido contrario a las agujas del reloj, dejando caer la energía mientras te mueves. Piensa que la energía sale de tu cuerpo y vuelve a fluir hacia la tierra.

Puedes terminar este procedimiento diciendo: "El círculo está abierto, pero nunca roto".

En el trabajo de aquelarre wiccano, el líder invitará entonces a todos los espíritus que han sido atraídos por el poder creado a seguir su camino diciendo: "Que todos los seres y elementales atraídos por este ritual sigan su camino haciendo daño a uno".

Los miembros responden entonces con: "Feliz encuentro, feliz separación y feliz reencuentro".

. . .

Utilizar un Diario o Libro de las Sombras: Con el tiempo, perfeccionarás y ampliarás tus rituales. Por esta razón, y como registro personal de tu viaje de profundización, recomiendo llevar un diario o libro de sombras. Cuanto más tiempo sigas esta práctica, más se convertirá el libro en una parte funcional de tu vida espiritual. Para la mayoría de los paganos, su libro de sombras es una posesión profundamente personal y sagrada.

Usar un calendario: Un calendario es un sistema para calcular el tiempo definiendo el comienzo y las divisiones de un año. El calendario secular que compartimos hoy en día divide el año en doce meses de 28-3 días, y comienza el año el primer día de enero. La mayoría de los calendarios definen un año como el tiempo que tarda nuestro planeta en orbitar alrededor del sol, pero hay excepciones. El calendario sacro islámico es puramente lunar, por lo que cada año nuevo islámico comienza 11-12 días antes que el año anterior.

La mayoría de los calendarios dividen el año en doce o trece meses, basándose en la órbita de la luna alrededor de nuestro planeta. Estas divisiones definen el paso del tiempo de forma que le da sentido.

. . .

Para los que vivimos en el hemisferio norte, enero evoca recuerdos de hielo y nieve, junio de tardes calurosas y octubre de hojas de otoño.

Un calendario sacral debería crear un significado más profundo que refleje nuestra espiritualidad. Debería hacerlo, pero muy a menudo el calendario fracasa en su propósito debido a la tendencia que tenemos muchos de nosotros a aceptar y seguir un calendario sacral genérico, independientemente de lo apropiado que sea o no para nosotros.

Como calendario sacro, la "rueda del año" neopagana es una bonita construcción que todos los paganos contemporáneos pueden reconocer cuando nos reunimos con otros de caminos dispares. Me gusta pensar que es el esperanto de los calendarios paganos. No pertenece a ninguna cultura, pero sin embargo es una forma simple pero expresiva para que todos los paganos midan el paso de las estaciones.

Para el pagano ecléctico, la rueda del año neopagana es una elección tan buena como cualquier otra para un calendario sacro primario. El calendario neopagano observa ocho días sagrados.

Este calendario puede llamarse también el calendario sacral wiccano porque se originó con la religión wiccana a principios y mediados del siglo XX.

El calendario combina festivales de fuego celtas como Samhain y Beltane con las celebraciones del solsticio anglosajón. Esta amalgama se convirtió en un calendario de ocho "sábados" en un calendario de ocho "sabbats" espaciados entre cinco y siete semanas entre sí. Hoy en día se utiliza como calendario sagrado no sólo por los wiccas sino por muchos grupos paganos contemporáneos, como la Iglesia de Todos los Mundos y ÁrnDraíocht Féin. Por muy útil que sea el calendario neopagano, su personal será más significativo para ti si refleja su camino espiritual. A menos que sigas la religión wiccana, suponiendo que sigas un camino específico, tu cultura espiritual tendrá un calendario con un énfasis único.

Como pagano sajón, observó un calendario sajón. Los primeros sajones precristianos tenían un calendario lunar, pero, a diferencia del calendario islámico, también se tenía en cuenta el año solar. La mayoría de los años tienen doce meses, o "lunas", pero cada pocos años hay un thrilithe, que tiene trece meses.

· · ·

El thrilithe ajusta el calendario lunar para que el mes del mes de Solmonath siempre ocurre alrededor de febrero, Hrethmonath siempre ocurre alrededor de marzo, y así sucesivamente.

Para los primeros sajones, un nuevo "monath" comenzaba con la luna llena. En el sur de Europa -en Roma y Grecia- el mes comenzaba en la luna nueva, pero en las culturas del norte de Europa parece que los meses se contaban por las lunas llenas.

Mi inhíred se reúne una vez al mes para observar un húsel, dando ofrendas a nuestros dioses, pero estos "meses" no son meses griegos (seculares). Son verdaderos meses, o lunas. Por ello, somos muy conscientes de los ciclos lunares. Recuerda que Hal Sidu trata de integrar tu cuerpo, mente y espíritu. Al seguir un calendario basado en la luna, mi híredmenn y yo nos ponemos en sintonía con el ritmo del mundo natural y, lo que es igual de importante, con las costumbres de nuestros predecesores sajones.

Los meses lunares nos ayudan a conectar con la visión del mundo de los primeros sajones, y así expresar más nuestra espiritualidad. Solmonath, que cae en enero y febrero, significa literalmente "mes de barro" en inglés antiguo.

El historiador Bede cuenta que los sajones hacían ofrendas de pasteles durante este mes. Por pastel se refería a un producto horneado que probablemente era más parecido a nuestro pan moderno. Cuando la luna de Sol Monath se llena, dejo una hogaza o una torta en la tierra cultivada como ofrenda.

Los dos meses siguientes, Hrethmonath y Eostremon de la tierra, Herthe, y la diosa vernal, Eostre. Después viene Thrimilci, "tres ordeños", llamado así porque el ganado podía ser ordeñado tres veces al día. Los dos meses siguientes son Ærra Litha y Æfterra Litha. La palabra inglesa antigua lith significa un punto o momento, y en este contexto es una referencia al solsticio de verano, ese punto en el tiempo en el que los días dejan de aumentar en longitud y comienzan a disminuir.

9

El rol de la oración

Los que nos llamamos paganos tenemos una deuda con todos los que nos precedieron. Por lo tanto, antes de intentar definir nuestro propio Paganismo moderno, deberíamos averiguar todo lo que podamos sobre lo que hacían los antiguos Paganos. Para ello, miraremos sus oraciones. Entonces podremos seguir su ejemplo, o, si elegimos ser diferentes, podremos al menos elegir desde el conocimiento y no desde la ignorancia.

Oraciones antiguas: Las fuentes más fiables sobre cómo rezaban los antiguos paganos son las oraciones registradas por los propios paganos. Hay varios tipos de fuentes de oraciones paganas antiguas, como las literarias y las epigráficas.

. . .

Hay bastantes fuentes literarias para el paganismo griego y romano, incluso más para la tradición egipcia, y una gran riqueza de material de la India. Los antropólogos de los tiempos modernos nos han proporcionado grandes cantidades de material de todo el mundo. Ciertamente, no nos falta información.

También tenemos historias escritas en la Edad Media por los monjes. Sin embargo, éstas presentan tanto problemas como ventajas. Cuando la gente en las historias irlandesas jura "por los dioses por los que mi pueblo jura", ¿está repitiendo un antiguo juramento irlandés, o simplemente el tipo de cosas que los monjes imaginaron que dirían los paganos? No lo sabemos. Sin embargo, este tipo de referencia es inspiradora; si no en sustancia, al menos en estilo. Tal vez estos monjes estaban en algo.

La evidencia epigráfica proviene de inscripciones en ofrendas, paredes de templos, etc. Las ofrendas a veces llevan inscrita una breve oración que da el nombre y la intención de quien las hace. Las inscripciones encontradas en las paredes de los templos egipcios son especialmente ricas en información.

. . .

Incluso en áreas en las que la información es escasa, encontramos ejemplos, como en los informes de los viajeros y en las versiones tardías de los mitos. Durante mucho tiempo se ha debatido si podemos confiar en estas fuentes. Sin embargo, aunque este tipo de pruebas no reflejan con exactitud la cultura que pretenden representar, al menos pueden decirnos cómo veía la oración la cultura que registró los relatos e informes. Y esto, a su vez, puede inspirar nuestras propias oraciones.

Dos fuentes de información muy diferentes sobre la antigua oración pagana son los estilos locales de oración moderna y las costumbres populares que sobreviven. Mucha gente piensa que cuando los cristianos rezan de una manera particular en una cultura concreta, la práctica debe proceder de los días precristianos de esa cultura.

Se tiende a actuar como si los cristianos no tuvieran creatividad propia. Sin embargo, es muy posible que los estilos de oración locales, por muy antiguos que parezcan, hayan sido inventados por los cristianos locales y no por los paganos. Esto no significa que no podamos utilizar estos estilos en nuestras propias oraciones, por supuesto. Nunca hay que ignorar la inspiración. Simplemente no asuma que está siguiendo una antigua tradición pagana cuando utilice este tipo de fuentes.

Las costumbres populares a menudo contienen oraciones y canciones. Pero éstas pueden presentar un problema similar. Rara vez podemos saber qué parte de las costumbres proviene de una cultura pagana y qué parte de otras fuentes. Para empeorar la situación, a veces la persona que grabó el material folclórico lo "mejoró", oscureciendo aún más sus raíces paganas.

Entonces, ¿qué puede hacer un pobre pagano? Debemos educarnos lo mejor que podamos, utilizando todas las fuentes que podamos encontrar. Debemos mirar cuidadosamente lo que se nos ha transmitido desde la antigüedad, sopesando cuidadosamente su posible antigüedad y su naturaleza pagana. Sin embargo, lo más importante es que tengamos una vida de oración activa. Debemos pedir a los dioses que nos guíen sobre cómo desean que les recemos, y debemos escuchar atentamente su respuesta.

Luego podemos compartir los resultados con nuestros compañeros paganos, para que crezca la reserva de oraciones que tenemos en común.

Casi todas las personas religiosas rezan y la mayoría hacen ofrendas.

. . .

Sin embargo, si buscamos en la literatura del neopaganismo, sólo encontramos un pequeño número de oraciones, y aún menos referencias a las ofrendas. Hay mucho material ritual, sin duda, pero el tipo de ritual en el que el adorador se presenta ante sus deidades, se dirige a ellas con respeto y les ofrece regalos es escaso. Hay muchas invocaciones, declaraciones y conjuros, pero no hay actos de alabanza y devoción, o simplemente peticiones más que demandas de ayuda.

Sin embargo, se trata de una evolución moderna. Si buscamos en los escritos de los antiguos paganos, encontramos un gran número de oraciones. Tenemos inscripciones dejadas por los antiguos celtas. Tenemos muchas oraciones de los griegos; los personajes de sus tragedias solían rezar al caer un cadáver. Los textos hindúes más antiguos, los cuatro Vedas, son esencialmente largos libros de oraciones. En América, en Asia, en África, en Oceanía, en Australia, encontramos más y más oraciones, cada vez más altas, hasta que nos aplastamos ante lo evidente: la forma más común de expresión religiosa pagana es la oración.

La ofrenda, la segunda forma de culto más común, está estrechamente relacionada con la oración. Esto tiene sentido; las oraciones y las ofrendas son la misma cosa.

Ambas presentan regalos a los dioses: una de palabras y tiempo, y la otra de objetos. Las oraciones suelen acompañar a las ofrendas, y las ofrendas suelen acompañar a las oraciones. No se puede trazar una línea divisoria entre ambas, y no he intentado hacerlo. Cuando nos presentamos ante la numina, es prudente no venir con las manos vacías. No debemos venir con palabras, sino con objetos; si no con objetos, con palabras. Y ¡cuánto mejor si traemos ambas cosas!

¿Por qué rezamos? Puede que los antiguos rezaran y realizaran ofrendas, pero ¿qué sentido tiene en esta época moderna?

Cuando rezamos, hablamos con seres sagrados. Son como nuestros amigos espirituales, o nuestros padres, o nuestros primos. Hablamos con nuestros amigos, padres y primos humanos, así que tiene sentido hablar también con sus homólogos divinos.

¿Por qué tenemos que hablar en primer lugar? ¿No saben ya los dioses lo que queremos o lo que sentimos por ellos? Volvamos al equivalente humano. ¿Hablas con tus amigos o das por hecho que saben cómo te sientes y lo que quieres?

¿Envías notas a tus abuelos para agradecerles los regalos, o crees que entenderán lo agradecido que estás, aunque no se lo digas? Si el primo Harry hace algo grande, ¿le llamas y le dices: "Bien hecho", o decides que su propio sentimiento de autocomplacencia debería ser suficiente? Seguramente los dioses merecen al menos tanta consideración como el primo Harry.

Tal vez el problema sea la forma en que ves a los seres divinos. Los dioses paganos no son omniscientes. A diferencia de Papá Noel, no te ven cuando duermes, ni saben cuándo estás despierto. Hay que invitarlos a entrar en tu vida. Llámalos y cuéntales lo mucho que los has echado de menos; diles lo maravillosos que crees que son; y, de paso, quizá pídeles un favor o agradéceles los favores que te han hecho. Puede que descubras que te gusta hablar con ellos.

¿Por qué hacer ofrendas? Mientras que el "por qué" de la oración puede ser bastante obvio, el "por qué" de las ofrendas es un poco más difícil de ver. ¿Por qué los dioses necesitan, o incluso quieren, nuestras ofrendas? ¿Qué puede hacer un ser espiritual con una botella de vino o una obra de arte?

. . .

Las distintas religiones paganas dan una variedad de razones para hacer ofrendas. Cada una justifica la práctica según su propia teología y estructura social. Los neopaganos, con su falta de teología común y sin una sociedad distinta, tienen que revisar las muchas razones dadas por otras tradiciones para decidir cuáles son aceptables. Cuando hacemos esto, podemos encontrar que nuestras creencias respecto a los dioses cambian. Un dios al que hacemos ofrendas es diferente de un dios al que no lo hacemos. Dado que el Paganismo es una religión de acción más que de creencia, esto es de esperar. Lo que importa es que hagamos lo correcto.

Entonces, ¿por qué los dioses nos exigen regalos materiales? ¿Por qué no se conforman con la oración y un corazón sincero? En parte, porque no hay una línea divisoria entre lo material y lo espiritual. Al pedir ofrendas materiales, los dioses nos recuerdan que lo material también es sagrado.

Ofrecer regalos materiales también garantiza la sinceridad. Cualquiera puede dar palabras, y cualquiera puede fingir sinceridad, pero ofrecer algo demuestra que nos preocupamos por los dioses al menos tanto como por nuestras posesiones materiales.

. . .

Cuando hacemos ofrendas, participamos en el camino de la naturaleza. Así como hay un misterio en el orden natural de comer y ser comido, también hay un misterio en la dinámica natural de dar y recibir regalos, no en el sentido de "tú me lavas las manos y yo te lavo las tuyas", sino que las mismas manos que se extienden para dar también se extienden para recibir.

Entramos en esta relación recíproca con los dioses para que se vuelvan activos en nuestras vidas. Ellos anhelan esto, esperando que nos acerquemos a ellos con los brazos cargados de regalos. Este es, muy probablemente, el origen de la naturaleza sagrada de la hospitalidad. Los dioses son los anfitriones por excelencia, que nos invitan a entrar cuando llamamos a la puerta. Debemos ser los mejores huéspedes, devolviendo su generosidad actuando a su vez como anfitriones. Son los lazos de la hospitalidad los que unen a las personas y comunican la verdad de que no están tan separadas después de todo.

La entrega de ofrendas es la hospitalidad hacia los dioses.

Los invitamos a nuestras vidas y, como sus anfitriones, les damos regalos, y ellos nos dan regalos a cambio. Esto no difiere de nuestras reglas cotidianas de hospitalidad.

Yo te invito a cenar a mi casa y tú tienes la obligación de invitarme a la tuya. Si siempre soy yo el que invita, nuestra oportunidad de amistad se esfumará.

Lo mismo ocurre con los dioses. Nosotros les hacemos una ofrenda y los dioses tienen la obligación social de retribuirles. Como los seres divinos no pueden invitarnos a cenar, nos devuelven la invitación de otra manera: prosperidad, salud, éxito, etc. Mediante este intercambio, nos hacemos amigos de los dioses.

La "política" de las oraciones y las ofrendas: Una ofrenda es un acto de culminación. Nos llegan muchas cosas de los dioses. Si nos quedamos con ellas, el flujo termina ahí.

Al aferrarnos a los dones de los dioses, creamos una interrupción en el ritmo natural del mundo, un callejón sin salida en el que el universo fluye y luego se detiene.

Los neopaganos, sin embargo, se dedican a la idea de los círculos y los ciclos, de las cosas que cambian y se transforman. En la naturaleza no hay callejones sin salida.

. . .

Aunque nos aferremos a nuestras posesiones, al final, por supuesto, las perderemos. Moriremos, y se irán a otros.

Los dioses no permitirán que persista un callejón sin salida; no permitirán que se interrumpan sus ciclos.

Esto no es algo que nos consuele, ya que nos aferramos a nuestros bienes cada vez con más fuerza. Si somos realmente paganos, debemos vivir como los dioses quieren que vivamos. Mientras estemos vivos, no debemos ser "callejones sin salida". Debemos dar libremente lo que tenemos, a los demás y a los dioses. Cuando hacemos ofrendas, les decimos a los dioses que lo sabemos, y nos lo recordamos a nosotros mismos, para ser menos propensos a hacer lo incorrecto en el futuro. Un regalo tan pequeño como un vaso de leche, un cuenco de grano o una piedra pintada tiene un retorno maravilloso.

Escribir oraciones neopaganas presenta dificultades especiales. Las oraciones de muchas religiones incorporan temas míticos, ya sea haciendo referencia a los mitos o contándolos realmente. Aunque el neopaganismo ha adoptado muchos mitos antiguos, la Wicca, la forma más extendida de neopaganismo, tiene pocos mitos propios.

. . .

He tratado esto de varias maneras.

Primero, no todas las oraciones incorporan mitos. En segundo lugar, sí hay algunos mitos wiccanos -los más obvios son la Leyenda del Descenso de la Diosa y el mito del año implícito en los rituales wiccanos-. En tercer lugar, están los mitos que se cuentan sobre las deidades antiguas. Aunque no han sido absorbidas por la Wicca, estas deidades encuentran devotos entre los neopaganos, de los que, por tanto, cabe esperar que se interesen por las oraciones a sus deidades favoritas.

En este libro, también he tomado elementos que se encuentran en una serie de mitos y los he aplicado al Dios y la Diosa Wicca. Esencialmente, lo que estoy haciendo aquí es escribir nuevos mitos para la Wicca. Creo que es mejor ser honesto sobre esto. Por supuesto, los seres divinos a los que se dirigen estas oraciones no son sólo el Dios y la Diosa wiccanos. Los adoradores de muchas de las religiones paganas modernas encontrarán aquí oraciones a sus deidades. Espero que aquellos que se encuentren con deidades de tradiciones distintas a la suya se sientan inspirados a sacar algunos libros de mitología y aprender más. Aprender nunca es una pérdida de tiempo.

. . .

Las oraciones suelen ir acompañadas de ofrendas. Éstas han incluido tradicionalmente sacrificios de animales, libaciones, comida, incienso y cualquier otra cosa. Por su importancia en la antigüedad y porque lo que es sutil en otros tipos de ofrendas es claro en ella, comenzaré con el sacrificio.

El por qué del sacrificio ha sido discutido por los estudiosos durante muchos años sin que se haya resuelto.

Creo que una de las razones es que los estudiosos han visto el sacrificio a través de su propia ideología, de la cultura que más han estudiado, o de su propia cultura.

Un freudiano encontrará un significado freudiano, un antropólogo que haya pasado su carrera estudiando a los nuer aplicará la teología nuer, y un miembro de PETA encontrará todo el asunto ofensivo.

Pero el mayor problema es ver el sacrificio como una sola cosa. Lo es sólo en el sentido de que una mano levantada es una cosa. ¿Se levanta para saludar? ¿Para golpear?

. . .

¿Para hacer un juramento? No hay un único significado para una mano levantada, y no hay un único significado para el sacrificio: hay varios.

Uno de ellos es que se entrega algo a lo sagrado. Este es el origen de la palabra "sacrificio"; es "hacer sagrado". Esto se suele ver como la entrega de algo, y así es como solemos utilizar la palabra en el habla cotidiana. Sin embargo, un sacrificio religioso no es tanto una renuncia como una entrega. No es: "¿No soy genial por privarme?", sino: "¿No es genial que las deidades obtengan lo que quieren?". Los dioses no están impresionados por lo mucho que has sufrido al hacer tus sacrificios.

Sin embargo, las ofrendas de los antiguos paganos no eran unilaterales. Así como la gente daba regalos a las deidades, se esperaba que las deidades dieran algo a cambio.

Algo así a escala humana se encontraba en muchas sociedades, como las primeras germánicas. Allí, los guerreros daban servicio a sus jefes, que a su vez les daban riquezas, hasta el punto de que "dador de anillos" se convirtió en un kenning de "jefe".

. . .

Un aspecto significativo de esto es que se esperaba que el superior socialmente diera más de lo que recibía. Así mantenían su estatus y era una forma de noblesse oblige.

Esto también funcionaba en la escala divina. Las deidades se consideraban superiores y, por tanto, se esperaba que devolvieran más de lo que se ofrecía. Se podía esperar que el sacrificio de un solo carnero aumentara la fertilidad de todo un rebaño. Esta teoría podía llevar a una cierta "manipulación" de las deidades al variar el tamaño de la ofrenda. Si se esperaba que un solo toro trajera ciertas bendiciones, ¿cuánto mayor sería la bendición de la hecatombe griega, en la que se sacrificaban cien animales? Se iniciaba un cierto "one-upmanship", en el que los dioses, por su estatus superior, daban mayores regalos que los que recibían.

Esto es el sacrificio en términos de reciprocidad. Los lazos se establecen y se mantienen a través de la entrega recíproca. Esto puede considerarse la base de todas las relaciones.

El sacrificio también puede verse como hospitalidad.

. . .

Lo encontramos en lo que era, de hecho, el objetivo de la mayoría de los sacrificios: que implicaban una comida compartida con las deidades. Casi todas las partes comestibles del animal (excepto una pequeña porción quemada para los dioses) se cocinaban y comían los presentes; los sacrificios eran como barbacoas sagradas. A través de ellos, los humanos actuaban como anfitriones de los dioses, proporcionándoles hospitalidad y acercándolos.

Dado que muchas deidades antiguas eran aficionadas a los sacrificios, es bueno hacerlos; dado que las sensibilidades modernas pueden sentirse ofendidas por ellos, es bueno no hacerlos. Hay una forma de salir de este dilema, una forma que ha sido utilizada por los paganos tanto antiguos como modernos: el uso de sustitutos simbólicos. Se nombra a otra cosa como animal, y se la trata como tal.

El pan siempre ha sido el sustituto más común. Bajo la influencia del hinduismo vegetariano, por ejemplo, los zoroastrianos de la India tomaron el pan y la mantequilla que acompañaban a los sacrificios (Jamaspasa 1985) y lo utilizaron para sustituir el propio sacrificio (Modi 1922, 296-8).

. . .

Un ejemplo moderno es la sustitución de las cabras por arroz envuelto en hojas de plátano en una celebración de 1975 del ritual védico agnicayana (Staal 1983, II:464-5).

El pan puede identificarse más fuertemente con un animal dándole una forma animal. Existen moldes con estas formas para utilizarlos como moldes para formar el pan o para hacer un pastel (otro posible sustituto) con la forma adecuada.

Hay otros sustitutos posibles que también se hacían en la antigüedad, posiblemente por quienes no podían permitirse un animal real. Se han encontrado animales de arcilla en contextos rituales y son buenos sacrificios. Sin embargo, hacen imposible compartir con las deidades.

Otra posibilidad es un trozo de carne extraído de una comida.

La mantequilla, especialmente cuando está clarificada, es un gran sustituto del ganado. Procede de las vacas, puede formar parte de una comida compartida y se quema bien.

. . .

No quiero dar la impresión de que el sacrificio de animales es la forma más común de ofrenda, especialmente en este libro. Tradicionalmente, la libación lo era.

Los griegos, por ejemplo, vertían una libación antes de beber nada. También se puede ver una comida compartida.

Las libaciones son, por tanto, la forma más común de ofrenda que verás aquí. Pueden ser de cualquier bebida, aunque las alcohólicas y la leche son las más tradicionales, y ciertas deidades pueden preferir algunas. Por ejemplo, una diosa relacionada con las vacas, como Brigid, preferiría la leche; mientras que a las deidades de Egipto, donde la cerveza era una parte importante de la dieta, podría gustarles. He aquí otro significado del sacrificio: tanto la leche como las bebidas alcohólicas son ofrendas de vida.

Las bebidas destiladas son especialmente buenas ofrendas al fuego, ya que arden muy bien. Sin embargo, si las usas, ten cuidado; se encienden de repente. (Una vez estuve a punto de sufrir un desagradable accidente con Drambuie).

. . .

Además, cuando el alcohol se quema, lo que queda es esencialmente agua, que puede apagar el fuego, lo que nunca es bueno en un ritual. La mantequilla y el aceite vegetal o de oliva también arden bien y son mucho menos peligrosos.

No viertas nada con menor contenido de alcohol o sin él (como la leche) directamente sobre el fuego. Apagará el fuego. En su lugar, viértelo en la base del fuego.

El pan no es sólo un buen sustituto de los animales, sino una ofrenda digna en sí misma. Es el "bastón de la vida", un representante de la comida en general. Al compartirlo con los seres divinos, estamos compartiendo parte de todas nuestras comidas. El pan también se quema muy bien, sobre todo cuando ha sido untado con mantequilla.

Algunas ofrendas no pueden quemarse ni verterse. No hay problema; las monedas se pueden echar a los ríos, las joyas se pueden enterrar, etc. De este modo, entregamos algo a los dioses. ¿Ves ahora por qué he sacado el tema del sacrificio? Sus significados repercuten en otras formas.

. . .

Lo que se aplica al sacrificio se aplica a todas las demás ofrendas, con los cambios pertinentes. Hay muchos otros tipos de ofrendas, cuyo único requisito es que se consideren valiosas para el ser al que se ofrecen.

Por supuesto, una oración de alabanza puede ser una ofrenda. De hecho, siempre lo es, y cuanto más hermosa sea, mejor.

¿A quién rezamos? Una forma de dividir los tipos de seres a los que rezan los paganos, los numina, es dividirlos en tres categorías: los Dioses Superiores, los Ancestros y los Espíritus.

Los Altos Dioses se dividen en dos categorías: el Dios y la Diosa de la Wicca (el macho y la hembra arquetípicos) y los dioses de los antiguos panteones paganos -Brigid, Mitra, Isis, etc.

Obviamente no podía escribir oraciones a todas las deidades antiguas, así que escribí a las que son populares entre otros neopaganos, así como a las que me atraían personalmente.

. . .

Los antepasados pueden ser los de una familia en particular o los de todos nosotros: un antepasado genético o uno cultural. Por ejemplo, George Washington no tiene descendientes genéticos, pero es un antepasado cultural de todos los estadounidenses. Cuando utilizo el término "ancestros", suelo referirme a los ancestros genéticos, pero siempre hay también implicaciones culturales. Al fin y al cabo, somos una sola familia.

Los espíritus son una categoría miscelánea identificada principalmente por sus límites. En lugar de ser los dioses de un pueblo, son propios de un lugar o de un objeto.

Pueden estar asociados a una herramienta o a un arma, o pueden estar relacionados con un lugar. Es posible que quieras rezar al Espíritu que habita en un impresionante árbol cerca de tu casa o a los que viven en el bosque que visitas en una acampada.

Permíteme ilustrar las diferencias entre los dioses superiores y los espíritus con un ejemplo. Uno de los primeros colonos nórdicos de Islandia era adorador de Thor.

. . .

Cuando emigró, se llevó consigo el pilar de su templo. Al acercarse a la costa, arrojó el pilar por la borda y lo dejó flotar hasta la orilla. De este modo, el propio Thor eligió el lugar de desembarco de los colonos. Como dios supremo, Thor llegó a la nueva tierra con sus adoradores.

Los espíritus de la Tierra, en cambio, se habían quedado atrás para habitar en los lugares con los que estaban asociados. En la nueva tierra, los nórdicos descubrieron nuevos lugares sagrados y establecieron relaciones con los espíritus de estos nuevos lugares. Habiendo dejado atrás a los espíritus que vivían en los túmulos, piedras y bosques de su antiguo hogar, buscaron a los que vivían en el nuevo.

En general, a los seres divinos les gustamos. Esta es una de las razones por las que quieren nuestras oraciones y ofrendas; si no les importáramos, no se interesarían por nuestras oraciones. Por eso responden bien a las peticiones: quieren ayudarnos. Realmente lo quieren.

Sin embargo, algunos son ambivalentes. ¿Por qué los espíritus de la Tierra deberían sentirse bien con nosotros cuando talamos sus bosques y pavimentamos sus praderas?

No te sientas demasiado engreído si has protestado contra la tala de bosques antiguos. ¿De dónde crees que procede la tierra sobre la que está construida tu casa? ¿Qué tipo de tierra había antes de ser arada para cultivar tus alimentos?

Tratar con los espíritus de la Tierra puede ser difícil.

Tenemos que demostrarles que estamos agradecidos por su sacrificio. Como espero haber mostrado antes en este libro, lo hacemos dando algo a cambio.

Sin embargo, los tres tipos de numina son dignos de oraciones y ofrendas. Te garantizo que si les das una oportunidad, si hablas con ellos y les haces regalos, tu vida se verá muy enriquecida.

10

Purificación

Cuando rezas, te presentas ante los dioses. Entras en su presencia para darles un mensaje o una ofrenda. Es habitual realizar algún acto o ritual preliminar para prepararse para este encuentro. Los antiguos paganos entendían sin duda el valor de la preparación. Por ejemplo, en Islandia, estaba prohibido mirar el lugar sagrado de la asamblea sin lavarse. En Roma, los sacerdotes se colocaban un pliegue de su ropa sobre la cabeza antes de las oraciones. (Esto era principalmente para evitar que los malos augurios se escucharan o vieran durante la oración, pero un acto tan práctico tenía también un efecto psicológico y espiritual; aislaba al adorador de las distracciones cotidianas). Y en Grecia, se solía poner una cinta alrededor de la frente antes de los sacrificios.

. . .

En muchas religiones, la preparación se realiza lavando o vistiendo ropas especiales. Con frecuencia, esto se debe a la creencia de que la suciedad o la ropa ordinaria pueden contaminar y, por lo tanto, deben eliminarse antes de poder entrar en contacto con lo sagrado, ya sea porque la contaminación impedirá el contacto o porque las deidades, una vez contactadas, se sentirán ofendidas. Estos pasos preparatorios se toman a menudo tanto por el bien de los adoradores como por el de los adorados. Las preocupaciones de la vida cotidiana pueden entrometerse en su relación con lo sagrado. Un acto ritual como lavarse o ponerse ropa limpia puede ayudarte a liberar tus pensamientos de las obsesiones cotidianas y dirigirlos hacia los dioses. Las palabras rituales de preparación pueden ayudarte a concentrar tu mente en la dirección correcta, para que la intención de tu oración sea clara, tanto para ti como para los dioses. Los dioses lo saben y pueden sentirse insultados, con razón, si no te tomas la molestia de prepararte para la oración.

La forma más común de preparación es la purificación. La forma más fácil de hacerlo es lavarse. Algunas tribus indias se purifican con humo, a menudo de salvia quemada. Esta forma de purificación también se utiliza en las misas altas católicas, en las que se lleva un incensario alrededor del altar y se gira hacia la congregación.

. . .

Los paganos que trabajan con los cuatro elementos de aire, fuego, agua y tierra pueden utilizar ambos métodos, uno tras otro. Cuando se disuelve la sal en el agua, se convierte en una mezcla de tierra y agua; cuando se quema incienso, se combinan el fuego y el aire. Para utilizar estas mezclas para purificarte, unge tu cuerpo (tradicionalmente la frente, los labios y el corazón) con el agua salada mientras dices:

"Con el poder del mar
  que lava las costas,
  me purifico."

En muchas tradiciones, sin embargo, el agua sola se considera suficiente. Los templos romanos y griegos a menudo tenían cuencos de agua colocados fuera de ellos con este propósito. También solían tener carteles que enumeraban otros requisitos. En un caso, por ejemplo, se prohibía la entrada a quienes hubieran tenido relaciones sexuales en las últimas veinticuatro horas. La moraleja aquí no es que el sexo sea necesariamente impuro, sino que, si estas señales eran necesarias, podemos estar seguros de que diferentes deidades tenían diferentes requisitos para la oración. Algunas deidades podrían, por su propia naturaleza, ser repelidas por algunas cosas.

. . .

Una deidad de la lujuria podría ser repelida por alguien que es célibe, por ejemplo.

El mejor consejo es investigar las deidades a las que quieres rezar y averiguar qué forma de purificación prefieren. Si no hay forma de averiguarlo, puedes recurrir al agua. Puedes lavarte las manos o ungirte mientras dices algo como:

"Que sea puro, apto para acercarme a los dioses. Que sea puro, que todas mis impurezas sean quemadas, que se lleven en el humo del incienso."

Una variante de la práctica griega de ponerse un lazo es llevar prendas o joyas especiales. Éstas pueden ser tan elaboradas como las túnicas utilizadas por los magos ceremoniales, o tan sencillas como la tradicional diadema griega. Con el uso repetido, estos artículos se convierten en una señal de que ha llegado el momento de la oración.

Independientemente de los accesorios que se utilicen, su colocación debe ir acompañada de una declaración ritual.

. . .

Un ejemplo sencillo para ponerse una diadema podría ser:

"Estoy rodeado de lo sagrado, ceñido, rodeado, para que mis acciones aquí hoy estén dentro del camino sagrado."

Un ejemplo para ponerse una túnica ceremonial podría ser:

"Lo sagrado me cubre, estoy rodeado de lo puro."

Las joyas ceremoniales pueden incluir imágenes de deidades, objetos asociados a deidades (un martillo de Thor, por ejemplo, o una pluma para el Ma'at egipcio) y símbolos generales de vida, poder o espiritualidad (como un pentagrama o un triskele). Puedes llevar estas joyas sólo para rezar, para ponerte en modo de oración instantánea, o puedes llevarlas todo el tiempo, haciendo de toda tu vida un tiempo de oración. En cualquier caso, es una buena idea ponerse estos artículos en modo de oración.

Por ejemplo, cuando me pongo mi imagen de Cernunnos cada mañana, digo:

"Mi señor Cernunnos, te ofrezco mi adoración. Cuida de mí hoy, mientras me ocupo de mis asuntos: mantenme a salvo, mantenme feliz, mantenme sano."

Alguien que se ponga una pluma Ma'at podría rezar:

"Señora de la Verdad, acompáñame hoy. Mientras llevo tu pluma, guarda mis palabras y mis actos. Que lo que diga y lo que haga. Estén de acuerdo con tu ley sagrada."

Puedes usar estas palabras mientras te pones un pentagrama:

"Los elementos se unen con el poder del espíritu. Que sea bendecido por los cuatro. Que sea bendecido por el espíritu. Que me bendigan los cinco."

La purificación y el uso de joyas o vestidos sagrados no se excluyen mutuamente. Ambas fomentan el desprendimiento de las distracciones de la vida cotidiana y el acercamiento a la presencia de lo divino. Sin embargo, las culturas indoeuropeas distinguen entre lo sagrado y lo santo.

Definen lo sagrado como el poder peligroso de lo divino, al que hay que enfrentarse primero. Sólo entonces se puede adquirir lo sagrado, el poder de bendición de lo divino. La purificación nos permite pasar a lo sagrado.

Ponerse una joya o ropa especial te pone en contacto con lo sagrado. Si haces ambas cosas, reconoces ambos aspectos de lo divino.

"Estoy rodeado de lo sagrado, ceñido, rodeado, para que mis acciones aquí hoy
 puedan estar dentro del camino sagrado."

Purificación por los Cuatro Elementos:
 [Unge tu frente, labios y corazón con agua salada].
 "Con el poder del mar,
 que lava las costas,
 estoy purificado.
 [Pasa incienso sobre tu cuerpo.]
 Que sea puro,
 que todas mis impurezas sean quemadas,
 arrastradas por el humo del incienso.
 Que sea puro para poder atravesar lo sagrado.
 Que pueda cruzar a través de lo sagrado para poder alcanzar lo sagrado.

Que pueda alcanzar lo sagrado para ser bendecido en todas las cosas.

Lo impuro es lo que no se ajusta a un tiempo, a un lugar, a una intención.

Que esta agua lave lo impuro
y deje atrás lo apto.
A través del agua pura soy puro.
Por el fuego puro soy puro.
Por lo puro soy puro
para venir ante los dioses de pureza incomprensible.
Me hago puro para recibir a los puros como invitados.
Todo lo que no es propio de mi propósito hoy
todo lo que ofendería [a la deidad],
todo lo que pueda interferir con su adoración:
Que todo se escurra,
eliminado por el agua purificadora,
reemplazado totalmente por la pureza de esa agua.
De todo lo que he hecho que no debería haber hecho
que sea purificado.

De todo lo que ha llegado a mí que no debería haber llegado
que sea purificado.

De todo lo que no está en el lugar correcto
o ha ocurrido en el momento equivocado
que sea purificado,
que pueda dejar estas cosas atrás y volver a pisar el camino de los santos.

Que sea puro, que sea puro, que sea puro.

Este ritual nos aclara que no somos impuros por naturaleza, sino que sólo lo somos por error. El agua sólo lava lo que está en el exterior, elimina lo que no corresponde.

Te purifico con agua, entonces,
haciéndote lo que realmente eres,
Haciendo lo que ya eres,
Haciéndote lo que siempre has sido:
puro para estar en la presencia de los dioses.

Que esta agua lave todo lo que me impide ver lo sagrado por lo que camino, el Océano de Espíritus por el que camino.

Que el agua con la que unjo mi frente sea un arroyo que lave las impurezas de mi vida cotidiana.

que yo sea puro,
apto para acercarme a los dioses.
Que sea puro,
que todas mis impurezas sean quemadas,
arrastradas por el humo del incienso.
Agua en mi frente, para purificar mis pensamientos.
Agua en mis labios, para purificar mis palabras.
Agua en mis manos, para purificar mis actos.
Agua, agua pura, para purificar todo mi ser.
Me lavo las manos:
que estén limpias,
que sean puras,
para realizar hoy los actos sagrados.
Que sea puro
para que sea apto

para que todo lo que haga hoy sea sagrado,
tributos a los dioses que adoro.
Con esta agua del cielo [lluvia] me purifico.
Con esta agua de la tierra [rocío, escarcha] me purifico.
Con esta agua del mar me purifico.

Para que pueda ser apto para adorar a la numina de arriba.

Para que pueda ser apto para adorar a la numina de alrededor.

Para que pueda ser apto para adorar a la numina de abajo.

Para que pueda ser apto para adorar a la numina, pura ella misma.

Agua pura, limpia de mí todo lo que no sea puro, para que pueda presentarme ante los dioses preparado como es debido.

Una vez enjuago esta copa/taza,
y una segunda vez la enjuago,
y una tercera vez más.
Así será pura para contener el agua
con la que ahora la lleno por fin.
[Para ponerse las prendas rituales]
Lo sagrado me cubre,
Estoy rodeado de lo puro.
Ropas limpias y frescas
me pongo para adorar a los dioses
para presentarme ante ellos sin impurezas.

A NAHITA

Anahita, la más pura de todas
con tu ayuda puedo ser digno
de llegar a la presencia de los Santos.

A PĄM N APĀT

Alto Señor, bendice esta agua
para que, debidamente purificada,
pueda purificarnos, y, por su contacto,
todos los artículos que usaremos en este rito.
Apąm Napāt, es a ti de gran poder
a quien pedimos que haga esto.

A PĀ imagen N APĀT

Apā imagen Napāt y las aguas
pā imagen Napāt y las Aguas,
dame agua limpia
con la que purificarme para este rito
y te ofreceré ghee en el fuego del sacrificio.
Aguas, ofrezco esta oración:
dad a cambio agua pura.
Apā imagen Napāt, ofrezco estas palabras:
bendice a cambio esta agua.
Juntos proporcionen agua pura y bendita,
para que yo pueda ser puro,
para que pueda ser bendecida,
para que pueda estar bien y correctamente preparado
para mi ritual.

Apā imagen (imagen) Napāt y las aguas

eliminando las impurezas que mi presencia ha impuesto.

A RIOMANUS

Dios con cabeza de león, de aliento ardiente,

quema de mí todo lo que me separa de lo divino.

Entidad inspiradora del miedo,

haz lo peor que puedas,

haz lo mejor que puedas.

Los elementos

[mientras se pone un pentagrama]

Los elementos se unen con el poder del espíritu.

Que me bendigan los cuatro.

Que sea bendecido por el espíritu.

Que me bendigan los cinco.

Diosa de la tierra

La más pura de las puras, diosa del hogar

a través de tu mirada me he vuelto puro,

calificado para realizar los ritos de este día.

A cambio, ofrezco esta leche.

M A ' AT

Señora de la Verdad, acompáñame hoy.

Mientras llevo tu pluma, guarda mis palabras y mis actos.

Que lo que diga y lo que haga

estén de acuerdo con tu sagrada ley.

Conclusión

Aquí, al final de este texto, el lector comprenderá que me siento personalmente atraído por el camino de un practicante único.

Esto se debe en gran medida a las experiencias negativas con la religión organizada en los primeros años de mi vida.

Se puede llegar al paganismo inicialmente por una profunda y permanente conexión con la naturaleza y porque se encuentra una gran libertad personal en la idea de descubrir y elaborar el propio camino espiritual en la vida.

. . .

El tono ético y ecuménico de la Wicca atrea mucho y, aunque la fe rinde culto a la Señora y al Señor por igual, la Wicca es una fe fuertemente feminista.

Aunque no soy miembro de un aquelarre, tengo muchas amigas que también son seguidoras de la Wicca y me siento parte de una "hermandad" de brujas wiccanas.

Todos estos elementos pueden responder a tus necesidades espirituales y ayudan a empezar a formarte mejores preguntas sobre tu papel en el mundo. Los principios paganos de equilibrio y acción ética se convertirán rápidamente en tus piedras de toque.

Sin embargo, en las conferencias y talleres conocí a muchos otros tipos de paganos. Confieso que el primer druida practicante que conocí fue en una Feria del Renacimiento y estaba vestido como un mago estereotipado con túnica gris, barba blanca y sombrero puntiagudo.

Sin embargo, durante varias jarras de buena cerveza, comenzó a hablarme sobre el modo de vida druida.

. . .

Rápidamente encontramos un terreno común en nuestra veneración compartida de la naturaleza, y disfruté escuchando sus descripciones de las conexiones tribales percibidas que se remontaban a la Edad de Hierro.

En definitiva, creo que muchos paganos son buscadores en un mundo moderno y cada vez más tecnológico.

No queremos perder el canto del bosque y del campo. No queremos que la magia de la naturaleza desaparezca en la corriente del circuito y el microchip.

Reconocemos que la humanidad está causando un grave daño a la Madre Tierra y a sus criaturas, y estamos respondiendo a la llamada de cualquier manera que podamos para ayudar a sanar nuestro planeta y fomentar una nueva era de responsabilidad medioambiental.

Mi amigo druida forma parte de un grupo que sale cada fin de semana a plantar árboles. He pasado más de un sábado empuñando una pala con ellos. Siempre siento que la Señora y el Señor sonríen ante nuestros esfuerzos.

. . .

Mi amigo llama a los arbolitos sus hermanos y tengo una verdadera sensación de conexión familiar cuando el lote disperso de nosotros con nuestras palas y guantes y la creencia compartida en algo más grande que nosotros mismos.

A veces esos días terminan con una hoguera y buenos cuentos de un bardo del grupo, cantos y música, o simplemente una conversación tranquila mientras miramos las llamas elementales.

Ser pagano es estar conectado por dentro y por fuera. Todos los caminos son válidos, y tú encontrarás tu propio camino. Este libro ha sido concebido simplemente como una introducción a una forma diferente de ver la espiritualidad. No puedo decirte qué camino tomar, ni me atrevería a intentarlo.

Te diré que en tu viaje, las experiencias son tan cruciales como la lectura y el estudio. Incluso como practicante individual, intento pasar tiempo con otros que comparten mi visión del mundo.

. . .

Esto ocurre a menudo en entornos como las Ferias del Renacimiento, pero también soy un asiduo de una maravillosa librería metafísica donde los clientes entablan una animada conversación con las humeantes tazas de los maravillosos tés del propietario.

Más que nada, el camino pagano es uno que llama al buscador a vivir la vida y a aprender en la vida. Te deseo buena velocidad en tu viaje y, "Feliz encuentro, y feliz despedida, hasta que nos encontremos felizmente de nuevo".

Bibliografía

- Buckland, Raymond (2020). *Wicca. Libro completo de la brujería*. México: Arkano Books
- Burckhardt, Jacob (2017). *Del paganismo al cristianismo*. México: Fondo de Cultura Económica.
- Cunningham, Scott (2016). *Wicca. Una guía para la práctica individual*. México: Arkano Books
- Herstik, Gabriela (2018). *Cómo ser una bruja moderna*. Estados Unidos: Roca Editorial.
- Knight, Sirona (2001). *Exploring Celtic Druidism*. Estados Unidos: New Page Books.
- Smith, Melissa (2021). *Paganismo: la magia nórdica, el élder Futhark, la adivinación y los hechizos al mundo moderno; Ásatrú y paganos; Mitología celta; Astrología*. Estados Unidos: Independently published.

- Osred (2011). *Odinism: present, past and future.* Estados Unidos: Lulu.com
- Steyson, Julia (2021). *Wiccan Books: Una Biblia de Brujas Wicca sobre todo Brujería, Wiccan, Paganismo, Wicca Herbs, Hechizos y Magia.* Estados Unidos: Independently published.

www.ingramcontent.com/pod-product-compliance
Lightning Source LLC
LaVergne TN
LVHW021716060526
838200LV00050B/2686